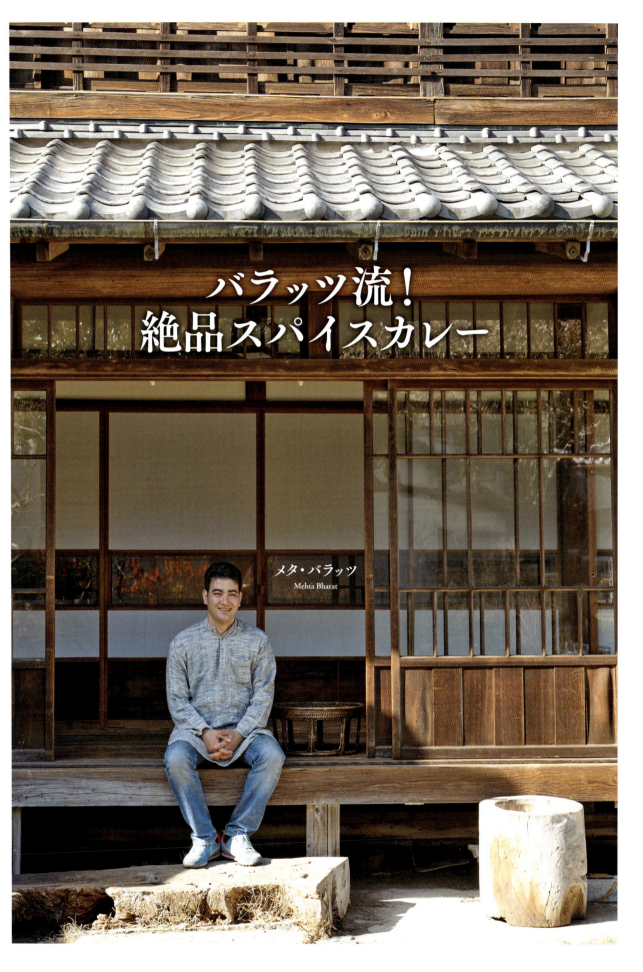

はじめに

映画で言うなればスパイスは名脇役。

よくそんな話をします。料理や食卓を映画で例えるならば、旬の食材や肉、魚、野菜、豆などは主役たち。そんな主役を輝かせ、美しく魅せる、そんな存在がスパイスのような気がします。

少ないスパイスで、さまざまな食材を輝かせておいしくする。
そんなことを考えながら、いろいろなレシピを考えました。

スパイスとは、元々は「南からきた宝物」という意味もあったそうです。
そんな宝物を演出して、本書では日本の食材を中心に、旬の素材を使ったカレーやサブジなどのサイドディッシュも数多くつくりました。

私にとってスパイスは、生まれたときから身近にありました。
日本で生まれ育ち、多感な学生時代をインドやヨーロッパで過ごしました。
私の家庭では、普段の食事にスパイスが入っていました。ほかの国々でも、さまざまなスパイス料理を食べてきました。

ちょっとしたスパイスの役割や使い方を知ると、こんなにもたくさんのカレーやスパイス料理がつくれるようになります。しかも少ない数のスパイスで。

本書では、インドで広く使われているクミン、コリアンダー、ターメリック、レッドペッパーをメインに、食材のアレンジでさまざまなカレーが楽しめるようになっております。

この本をきっかけに、多くの方々がスパイスを身近に感じていただき、その名脇役を使い、名監督のように、そして魔法使いになったかのようにスパイス料理を楽しんでいただき、普段の食卓を鮮やかに彩っていければ光栄です。

人生にスパイスを。

メタ・バラッツ

バラッツ流！絶品スパイスカレー
CONTENTS

- はじめに …… 2
- おいしいスパイスカレーをつくる …… 6
- はじめにそろえたい基本の4スパイス …… 7
- 次にそろえたい
  本格カレーがつくれるスパイス …… 8
- スパイスカレーの基本手順 …… 10
- スパイスカレーをおいしくする3カ条 …… 12
- 本書の決まり …… 14

オリジナル・ミックススパイスをつくろう！

- ガラムマサラ …… 124
- チャートマサラ …… 125
- シーサイドマサラ …… 125
- チャイマサラ …… 126
- ハーブチャイマサラ …… 126
- 自家製チャイのつくり方 …… 127
- アナン商品カタログ …… 127

CHAPTER 1
基本の4スパイスでつくる定番カレー

スパイシーチキンカレーをつくろう！ …… 16

キーマカレーをつくろう！ …… 20

- 夏野菜たっぷりのやさしい味のカレー …… 24
- バジルチキンカレー …… 26
- ほうれん草とチーズのカレー …… 28
- えびカレー …… 30
- コリアンダーチキンカレー …… 31
- 白身魚のカレー …… 34
- キノコたっぷりカレー …… 36
- マトンカレー …… 38
- ジャパニーズカレー …… 40

● カレーのお供に
- オクラとトマトのサブジ …… 42
- ごぼうとこんにゃくのサブジ …… 42
- 大根のサブジ …… 43
- れんこんとヨーグルトのサブジ …… 43
- ポテトマサラ …… 44
- さっぱりキャベツのレモン風味 …… 44

パニールをつくろう！ …… 45

- きゅうりとトマトのライタ …… 46
- クッチュンバー（インドの野菜サラダ） …… 46
- 柿とラディッシュ、グリーンリーフのサラダ …… 47
- クミン風味のマッシュポテト …… 47
- アチャール（なす、にんじん、玉ねぎ） …… 48
- チャツネ（ミント、コリアンダー） …… 50

CHAPTER 2
和の素材×スパイスでつくる やさしいカレー

えびと菜の花のカレー	52
たけのこと春キャベツのカレー	54
あさりのカレー	56
納豆、オクラ、長芋のねばねばカレー	58
鮭とトマトのカレー	60
かぼちゃのカレー	62
さんまのカレー	64
スパイス鍋	66
ねぎとしょうが、ひよこ豆のカレー	68
根菜の冬カレー	70
さつまいものカレー	72

● パン&ライス

ナン	74
チャパティ	76
チーズクルチャ	78
プーリー	79
ターメリックライス	80
サフランライス	80
キチャリ(米と豆)	81
ジーラライス	81
トマトライス	82
レモンライス	83

チキン・ビリヤーニをつくろう！ …84

CHAPTER 3
本場の味が楽しめる 本格スパイスカレー

バターチキンをつくろう！	88
はちみつレモンカレー	92
シナモン薫るローズマリーカレー	94
マスタードフィッシュカレー	96
豆のカレー(ダールタルカ)	98
ポークヴィンダルー	100
ホワイトカレー	102
サンバル(豆と野菜のカレー)	104
ラッサム(酸味と辛味のさらさらカレー)	106
ジンジャーポークカレー	108
スパイシービーフカレー	110
9つの宝石のカレー	112
タイ風グリーンカレー	114

● サイドメニュー

タンドリーチキン	116
シークカバブ	117
いなり風サモサ	118
フィッシュフライ	119
えびのスパイス炒め	120
キャベツのポリヤル	121
パコラ(ポテト、オニオン、チキン)	122

ド リ ン ク	
ソルトラッシー(ヨーグルトドリンク)のつくり方	59
チャイ(スパイスミルクティー)のつくり方	63
スパイシーホットワインのつくり方	72

おいしいスパイスカレーをつくる

スパイスカレーとは、市販のカレールウもカレー粉も使わずに、いくつかのスパイスを組み合わせてつくる本格的な味わいのカレーのこと。つくり方はいたってシンプルで、鍋かフライパンが1つあればでき上がります。ポイントは2つ。香味野菜やトマトを炒めてうま味のもとをつくり、スパイスと塩で素材の味を引き出して煮込む。少ないスパイスでも驚くほど風味豊かなスパイスカレーがつくれます。まずはスパイスの種類や特性を覚えて、おいしいスパイスカレーをつくってみましょう。

(スパイスの2つの形状)

ホールスパイス

粉末ではない粒状、または原形のスパイス。クミンシード、カルダモン、シナモンスティック、クローブ、マスタードシードなど、主にカレーの香りづけに使われる。油で炒めて香りを移したり、マリネ液に混ぜて素材に風味づけしたり、カレーの味のベースづくりを担う。

パウダースパイス

ホールスパイスを粉末状にしたもの。コリアンダー、ターメリック、レッドペッパー、クミンパウダー、パプリカパウダーなど、香りづけ、辛味づけ、色づけ、味つけなどさまざまな役割がある。また、素材と一緒に加熱することでとろみをつけるなど、カレーの味づくり全般を担う。

はじめに そろえたい 基本の4スパイス

スパイスカレーづくりで最も重要な4つのスパイスです。これさえそろえれば、Chapter 1のカレーをすべてつくれるほか、さまざまなスパイス料理にも応用可能。それぞれの特性や役割りをよく覚えておきましょう。

コリアンダー

コリアンダー（香菜、パクチー）の種を乾燥させて粉末にしたもの。柑橘類にも似たやや甘味を感じる爽やかな香りが特徴で、クミンとともにカレーの風味づけに多用される。

クミンシード

すっきりとした爽やかなカレーらしい香りで、ほのかに苦味と辛味もある。油で炒めて香りを移し、特有の香ばしさがカレーに心地よい風味を与える。肉や魚、野菜などどんな素材にもよく合う。

ターメリック

ウコンの名で知られ、ショウガ科の多年草の根を加熱、乾燥させて粉末にしたもの。鮮やかな黄色は着色力が強く、カレーの色づけの主役。土っぽい香りとほのかに苦味もあり、辛味はない。

レッドペッパー

カイエンペッパー、チリペッパーとも呼ばれる。赤唐辛子を粉末にしたもので、カレーの辛味のもとになる。ホールよりもパウダーのほうが辛味が強く、やや甘酸っぱさを感じる芳香もある。

次にそろえたい 本格カレーがつくれるスパイス

基本の4スパイスをそろえたら、次に用意したいスパイスを紹介します。とくにホールスパイスでは、カルダモン、マスタードシード、赤唐辛子。パウダースパイスでは、クミンパウダー、パプリカパウダーは、あるといろいろな料理に使えて何かと便利です。

ホールスパイス

カルダモン

ショウガ科の多年草で完熟する前の実を乾燥させたもの。清涼感のある芳香とぴりっとした辛味、ほのかな苦味が特徴。油で炒めて、ぷくっとふくれたら香りが開いたサイン。とくに甘味との相性がよい。

フェヌグリーク

豆科の一年草の種。砕くと砂糖が焦げたような甘い香りの中に個性的な苦味もある。じっくり火を通すと苦味が弱まり、メープルシロップのような甘い風味が出てくる。野菜や豆との相性がよいスパイス。

マスタードシード

アブラナ属の一年草の種。辛味の質が異なるイエローとブラウンがあり、ほのかな苦味と辛味がある。油で炒めるとはねるので、ふたをしておさまるのを待つこと。加熱すると香ばしい香りが出てくる。

クローブ

フトモモ科の花のつぼみを乾燥させたもの。バニラに似た甘い香りがあり独特の強い芳香で肉の臭み消しに効果抜群。少量でも効果があるので、使う量には注意が必要。中国名ちょうじ。

パウダースパイス

クミンパウダー

クミンシード(P.7)を粉状にしたもの。カレーパウダーの主原料であり、いかにもカレーらしい芳香がある。インドや東南アジア、メキシコ、アフリカなどのエスニック料理に欠かせない。

パプリカパウダー

辛味のないパプリカ(唐辛子)を完熟、乾燥させて粉状にしたもの。甘酸っぱさを感じる独特の香りとわずかな苦味がある。色素が油に溶けやすく、色も鮮明なので料理の色づけに使われる。

シナモンスティック

クスノキ科のシナモンやアカシアの樹皮を乾燥させたものが一般的。スティック状に巻いたもののほか、不ぞろいな皮片のものがある。ほのかな甘味を感じさせる独特の香りが特徴で、わずかに舌に残る辛味がある。

カスリメティ

フェヌグリークの葉を乾燥させたもの。独特の甘い香りがあり、手のひらでもむようにして香りを開かせてから使う。日本ではほとんど知られていないがインドでは一般的。カレーの仕上げに加えると風味が増す。

ブラックペッパー（粒）

コショウの実を完熟前に収穫して乾燥させたもの。皮を除いて乾燥させる白コショウに比べて香りも辛味も強い。ぴりっとした刺激的で爽快な辛さが特徴。肉や魚など、どんな食材ともよく合う。

フェンネル

セリ科の多年草の種。アニスによく似た甘い香りとわずかな苦味があり、プチプチとした食感が特徴。魚の臭み消しによく使われる。インドでは口臭消しとして噛むこともある。

赤唐辛子

完熟した唐辛子を乾燥させたもの。口の中がカッと熱くなるような辛さが特徴。インド料理ではそのまま油で炒めて辛味と香りを移す。日本品種のものは鷹の爪、南米などではチリペッパーと呼ばれる。

ベイリーフ

シナモンの葉を乾燥させたもの。爽やかな芳香が肉の臭み消しに効果的。日本では月桂樹、ローリエとして出回るが、インドのベイリーフは別種なので注意。入手できない場合はローリエでも代用可。

ガラムマサラ

インドのミックススパイス。使うスパイスの種類や配合に決まりはないので、さまざまなガラムマサラがある（P.124）。仕上げに使うことが多く、カレーのほかいろいろな料理に使われる。

ブラックペッパー

黒コショウの完熟した実から種子を取り出し、乾燥させて粉状にしたもの。ぴりっと刺激的な辛さと香りでスパイスの王様とも称される。肉料理をはじめ、あらゆる料理に使われる。

スパイスカレーの基本手順

スパイスカレーのプロセスで、重要なポイントを解説します。もちろん例外はありますが、この本で紹介するほとんどのカレーにも共通する項目ばかり。基本的な手順をよく理解しておきましょう。

🔥 すべての材料を用意する

カレーは常に加熱しながらテンポよく調理することが大切。必要な材料は必ず調理前に下ごしらえをして用意しておきましょう。とくにスパイスは正確にはかって小分けにしておくと便利です。

🔥 油にホールスパイスの香りを移す

鍋にサラダ油をあたためてからホールスパイスを加え、焦げないように注意しながら加熱して香りを開かせ、油に香りを移します。クミンはシュワシュワと細かい泡が出てきたら、カルダモンはふくらんできたら香りが開いた合図です。

🔥 玉ねぎなどの香味野菜を炒める

玉ねぎ、にんにく、しょうがなどの香味野菜を炒めて、カレーに甘味やうま味、香ばしさを加えます。とくに玉ねぎは、カレーの具材や求める味わいにより炒め具合を変えて調理します（→ P.13）。

トマトをしっかり炒める

うま味のもととなるトマトは、木べらなどでつぶしながら炒めて水分をよく飛ばすこと。粘りが出るくらいに炒めるとうま味が凝縮します。カレーのタイプによっては、軽く炒めて酸味を残すやり方も。

パウダースパイスと塩を炒める

うま味のもとができ上がったら、風味や色味を補い、カレーにとろみをつけるためにパウダースパイスを加えます。そのとき一緒に塩も加えるのがポイント。スパイスの風味と辛味が引き立ちます。

具と水分を加えて煮る

野菜や魚介、肉などを加えたら、混ぜ合わせて具に火を通します。水や湯、ヨーグルトなどの水分を一緒に加える場合は、ひと煮立ちさせてから軽く全体を混ぜて煮込みます。

塩で味をととのえる

最後に味をみて、必要なら塩を加えて味をととのえます。なんとなく味が薄い、ぼやけていると感じるなら、それは塩が足りない可能性あり。少しきかせ過ぎくらいの塩加減のほうが味が決まります。

スパイスカレーをおいしくする3カ条

1. 塩は使う量と加えるタイミングが大切。

2. 玉ねぎの炒め具合を調整する。

3. ベストなサイズの調理器具を用意する。

塩について

カレーづくりに大切な材料の1つとして、スパイスのほかに「塩」があります。インド料理の味つけは基本的に塩だけなので、加えるタイミングと量が大切。スパイスカレーづくりでは、塩はパウダースパイスと一緒に加えるのがポイントで、スパイスの風味や辛味を引き立てて具材のうま味を引き出してくれます。最終的な塩加減は仕上げの段階で味をみてから決めるので、調理途中の塩の入れ過ぎは禁物。カレーの風味が薄い、味がぼやけてると感じたら、塩はちょっとしょっぱいかなくらいに調整するのがコツです。

本書で使っている塩は「ヒマラヤ岩塩（ピンク岩塩）」。塩味がやわらかで、さらっとしているのが特徴です（ネットで購入可）。塩は好みのものを使って構いませんが、塩味の強いタイプを使う場合は、レシピの分量よりもやや少なめに調整したほうがいいでしょう。

玉ねぎの炒め具合について

玉ねぎを炒めてつくるカレーでは、炒め具合も大きなポイントです。==それぞれのカレーに合った炒め時間により、うま味や香ばしさ、色みなどが変わってきます。本書では、玉ねぎの炒め具合が重要なカレーのレシピには「玉ねぎの炒めレベル」を表示して、==炒め時間の目安がわかるようになっています。以下に「玉ねぎのみじん切り1個分」を「サラダ油大さじ2」で炒めた（中火）場合の例を紹介します。

玉ねぎ炒めレベル3段階

□ 玉ねぎ炒め Level 0
生の玉ねぎ

玉ねぎのみじん切りは細かければ細かいほどよい。ソースの仕上がりもきれいになる。

■ 玉ねぎ炒め Level 1
ほんのり色づく　炒め時間2～3分

「夏野菜たっぷりのやさしい味のカレー（P.24）」のようにターメリックの黄色を生かしたいカレー、「さつまいものカレー（P.72）」、「ホワイトカレー（P.102）」のように色を薄く仕上げたいカレーなどに向く。

■■ 玉ねぎ炒め Level 2
こんがり色づく　炒め時間7～8分

「スパイシーチキンカレー（P.16）」、「ほうれん草とチーズのカレー（P.28）」、「あさりのカレー（P.56）」、「9つの宝石のカレー（P.112）」など、あらゆる素材でつくるほとんどのカレーに向く。

■■■ 玉ねぎ炒め Level 3
飴色になるまで　炒め時間10～11分

「えびカレー（P.30）」、「マトンカレー（P.38）」、「さんまのカレー（P.64）」、「スパイシービーフカレー（P.110）」など、マトン肉や牛肉、魚介、そのほか風味の強い素材でつくるカレーに向く。

※サラダ油の量や火力により、かかる時間は多少前後します。

必要な調理器具について

フライパンまたは鍋は、4人分のカレーづくりに適したサイズのものを用意しましょう。フライパンは直径26〜28cm、深めのタイプ（深さ7〜9cm）でフッ素樹脂加工のものがおすすめ。専用のふたも必要です。鍋は直径21cm前後のものが使いやすく、ふたつきで底が厚いタイプがおすすめです。そのほかでは、木べら、はかり、計量スプーン＆カップがあればOK。カシューナッツ、ほうれん草などのペーストをつくる場合はミキサーが必要。また、ホールスパイスを砕いてオリジナルスパイスをつくるならスパイスクラッシャー、またはすり鉢＆すりこぎがあると便利です。

[本書の決まり]

- 計量の単位は、小さじ1＝5mℓ（cc）、大さじ1＝15mℓ（cc）。1カップ＝200mℓ（cc）。米は1合＝180mℓ、1カップ＝200mℓ。
- レシピの火力は、とくに記述のない場合は「中火」です。
- 電子レンジは500Wのものを使用。
- オーブンやオーブントースターはメーカーや機種により加熱時間が異なる場合があるので、表示時間は様子をみながら調整してください。
- 基本は「4人分」ですが、つくりやすさを考え、必要なものは「1〜2人分」、「つくりやすい分量」で表記しています。

レシピの材料について

- 調味料は、とくに注釈のないものは、砂糖は三温糖、塩は岩塩（自然塩）、酢は米酢、しょうゆは濃口しょうゆを使用。
- オリーブ油はエクストラ・バージン・オリーブ油を使用。ココナッツオイル、マスタードオイルは、サラダ油で代用可。
- ガラムマサラは、P.124のオリジナルスパイスでも、市販のものでもOK。
- 青唐辛子は、ししとうで代用可。
- ムングダール、ウダドダールはレンズ豆で代用可。
- パクチー、バジルの1カップの目安は20g。
- カシューナッツの1カップの目安は120g。
- プレーンヨーグルトの1カップの目安は220g。
- だし汁とは、「昆布と削り節でとった和風だし」のことですが、市販の「和風だしの素」でも代用可。

CHAPTER 1 基本の4スパイスでつくる定番カレー

クミンシード、コリアンダー、ターメリック、レッドペッパーという4つの基本スパイスだけでつくれるスパイスカレーを紹介します。ポイントは、香味野菜やトマト、スパイス、塩などをしっかり炒めて、それぞれの具材のおいしさをできる限り引き出すことです。

スパイシーチキンカレーをつくろう！

基本の4スパイスでつくる人気のチキンカレーのつくり方を紹介します。用意する材料は基本的なものばかりなので、プロセスをしっかりマスターして、さまざまなスパイス料理に応用しましょう。ポイントは、クミンシードは焦げやすいので注意すること、トマトはしっかり炒めて水分をよく飛ばすこと、パウダースパイスと塩は一緒に入れること、の3つ。仕上げのパクチーはお好みで、入れなくてもOKです。レシピ通りにつくれば、誰でも簡単においしいチキンカレーがつくれますよ。

玉ねぎ炒め Level 2

基本の4スパイス

ホールスパイス

クミンシード
小さじ1

パウダースパイス

コリアンダー
大さじ1

ターメリック
小さじ½

レッドペッパー
小さじ½

スパイシーチキンカレーをつくろう！

玉ねぎ炒め Level 2

● 材料（4人分）

鶏もも肉（ひと口大に切る）…400g
玉ねぎ（粗みじん切り）…1個
トマト（ざく切り）…1個
にんにく（すりおろし）…小さじ1
しょうが（すりおろし）…小さじ1
サラダ油…大さじ3
水…1と1/2〜2カップ
ココナッツミルク…1カップ
プレーンヨーグルト…1/2カップ
塩…小さじ1
パクチー…適量

ホールスパイス
クミンシード…小さじ1

パウダースパイス
コリアンダー…大さじ1
ターメリック…小さじ1/2
レッドペッパー…小さじ1/2

玉ねぎ、にんにく（すりおろし）、しょうが（すりおろし）、トマト、鶏肉。

サラダ油、パクチー、塩、基本の4スパイス、プレーンヨーグルト、ココナッツミルク。

1 ホールスパイスを炒める

鍋にサラダ油を中火で熱してクミンシードを入れ、細かい泡が出るまで炒める。

3 色づくまで炒める

玉ねぎがこんがり色づくまで7〜8分炒める。

2 玉ねぎを加える

クミンシードの香りが立ってきたら玉ねぎを加え、木べらで炒める。

4 にんにく・しょうがを加える

にんにく、しょうがを加えて、混ぜながら炒める。

5 トマトを加える

香味野菜の香りが立ってきたらトマトを加える。

6 水分を飛ばすように炒める

トマトの水分を飛ばすように、しっかり炒める。

7 パウダースパイスを加える

パウダースパイス3種、塩を加え、全体がねっとりするまで炒め合わせる。

8 鶏肉を炒める

スパイスの粉っぽさが取れて香りが立ってきたら、鶏肉を加えて炒める。

9 水を加える

鶏肉の表面が白っぽくなったら、水を少しずつ加えながら全体を混ぜる。

10 ヨーグルトを加える

ヨーグルトを加えて軽く混ぜ、15分ほど煮込む。

11 ココナッツミルクを加える

ココナッツミルクを加えて軽く混ぜ、ひと煮立ちさせる。

12 パクチーを加える

最後にパクチーを加え、全体を軽く混ぜたらでき上がり。

キーマカレーを つくろう!

「スパイシーチキンカレー(P.16)」の応用編として、鶏ひき肉を使ったキーマカレーのつくり方を紹介します。基本プロセスはほぼ同じですが、トマトを加えるタイミング、水を加えずにヨーグルトや素材からの水分だけでつくるという違いがあります。ポイントは、香味野菜を炒めてからパウダースパイスを加え、ひき肉を炒め合わせたあとにトマトを加えること。玉ねぎとトマトは、しっかり炒めましょう。ぜひ、ナン(P.74)やチャパティ(P.76)にのせて召し上がってください。もちろんライスやバゲットなどにもよく合いますよ。

■■■■ 玉ねぎ炒め Level 3

基本の4スパイス

ホールスパイス　｜　**パウダースパイス**

クミンシード
小さじ¼

コリアンダー
小さじ2

ターメリック
小さじ¼

レッドペッパー
小さじ½

キーマカレーをつくろう！

玉ねぎ炒め Level 3

●材料（4人分）

鶏ひき肉…500g
サラダ油…大さじ3
玉ねぎ（粗みじん切り）…1個
にんにく（すりおろし）…小さじ1
しょうが（すりおろし）…小さじ1
塩…適量
トマト（ざく切り）…大1個
プレーンヨーグルト…½カップ
カシューナッツ…½カップ（60g）
グリンピース（生）…1パック

ホールスパイス
クミンシード…小さじ¼

パウダースパイス
コリアンダー…小さじ2
ターメリック…小さじ¼
レッドペッパー…小さじ½

1　カシューナッツペーストをつくる
カシューナッツは水に30分つけてやわらかくし、ミキサーにかけてペースト状にする。

3　玉ねぎを加える
クミンシードの香りが立ってきたら玉ねぎを加え、炒める。

2　ホールスパイスを炒める
鍋にサラダ油を中火で熱してクミンシードを入れ、細かい泡が出るまで炒める。

4　色づくまで炒める
玉ねぎが飴色になるまで10分ほど炒める。

5 にんにく・しょうがを炒める

にんにく、しょうがを加え、混ぜながら炒める。

6 パウダースパイスを加える

パウダースパイス3種、塩を加え、全体がねっとりするまで炒め合わせる。

7 ひき肉を加える

スパイスの粉っぽさが取れて、香りが立ってきたらひき肉を加える。

8 よく炒めて火を通す

そぼろ状になるまでじっくり炒めて、肉に火を通す。

9 トマトを加える

全体に水分がなくなってきたら、トマトを加えて炒める。

10 ヨーグルト・カシューナッツペーストを加える

ヨーグルト、カシューナッツペーストを加え、ざっくり混ぜ合わせる。

11 ふたをして煮込む

ふたをして弱火で15分ほど煮込む。途中、焦げつかないように何度か混ぜる。

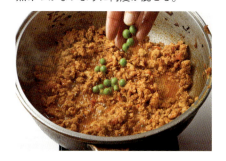

12 グリンピースを加える

汁気が出てきたらグリンピースを加え、さらに5分ほど煮込んで塩で味をととのえる。

夏野菜たっぷりのやさしい味のカレー

■ 玉ねぎ炒め Level 1

夏野菜をふんだんに使ったマイルドな味わいの辛くないカレー。ココナッツファインとカシューナッツパウダーでコクと甘味を出しています。そのほか、ズッキーニやオクラ、ゴーヤなどを加えてもおいしくつくれます。

● 材料（4人分）

鶏もも肉（ひと口大に切る）…500g
サラダ油…大さじ1
にんにく（みじん切り）…2かけ
玉ねぎ（粗みじん切り）…1個
A ｜ ココナッツファイン*…大さじ1
　 ｜ カシューナッツパウダー…大さじ1
塩…適量
なす（乱切り）…2本
トマト（ざく切り）…1個
ピーマン（乱切り）…3〜4個
水…1と1/2カップ

ホールスパイス
クミンシード…小さじ1

パウダースパイス
コリアンダー…大さじ3
ターメリック…小さじ1/4
レッドペッパー…少々

＊ココナッツの実の胚乳を乾燥させてパン粉状にしたもの。粉状にしたものが「ココナッツパウダー」。

● つくり方

1. フライパンにサラダ油を熱して、クミンシードを炒める。細かい泡が出てきたらにんにくを加えて炒め、香りが立ってきたら玉ねぎを加え(a)、ほんのり色づくまで炒める。

2. パウダースパイス、A、塩少々を加え、炒める。

3. 鶏肉を加えて炒め、肉の表面が白っぽくなってきたらなす、トマト、ピーマンを加えて炒め、水を注いでふたをし、20分ほど煮込む。

4. 味をみて、塩でととのえる。

(a) にんにくの香りが立ってきたら玉ねぎを加え、ほんのり色づくまで2〜3分炒める。

バラッツ・アドバイス

あえて辛くないやさしい味わいに仕上げていますが、辛味がほしい場合はレッドペッパーの量を増やしてもいいでしょう。

バジルチキンカレー

■ 玉ねぎ炒め Level 1

さらっとした口当たりとフレッシュバジルの爽やかな香味が魅力のチキンカレー。玉ねぎは透き通るくらいに軽く炒めて、トマトピューレとオイスターソースで酸味とコクをプラスしました。

● 材料（4人分）

鶏もも肉（小さめのひと口大）…500g
サラダ油…大さじ1
にんにく（みじん切り）…大さじ1
しょうが（みじん切り）…大さじ1
玉ねぎ（1cm角に切る）…1個
トマトピューレ…大さじ2
塩…小さじ1と1/2
オイスターソース…小さじ2
水…1と1/2カップ
ピーマン（2cm角に切る）…2個
黄パプリカ（2cm角に切る）…1個
バジル…7〜8枚

ホールスパイス
クミンシード…小さじ1

パウダースパイス
コリアンダー…小さじ1
ターメリック…小さじ1/2
レッドペッパー…小さじ1/2

● つくり方

1. 鍋にサラダ油を熱して、クミンシードを炒める。細かい泡が出てきたらにんにく、しょうが、玉ねぎを加え、ほんのり色づくまで炒める。
2. トマトピューレを加え、水分が飛ぶまで炒める。
3. パウダースパイス、塩、オイスターソースを加えて(a)、炒める。
4. 鶏肉を加えて炒め、肉の表面が白っぽくなったら水を注いで煮る。肉に火が通ったらピーマン、パプリカを加え、ふたをして煮込む。
5. 野菜に火が通ったら、バジルを加える(b)。

(a) 水分が飛んでねっとりしてきたらパウダースパイス、塩、オイスターソースを加える。

(b) 仕上げにバジルを加えて、ざっと混ぜ合わせる。

> **バラッツ・アドバイス**
>
> 鶏肉や野菜は、すべて同じくらいの大きさに切りそろえるのが見た目とおいしさのポイントです。トマトピューレは、トマト（ざく切り）1個に代えてもOK。

ほうれん草とチーズのカレー

■■■ 玉ねぎ炒め Level 2

ほうれん草のうま味に生クリーム、チーズを合わせた深みのある味わい。トマトを加えたら、ねっとりするまでしっかりと水分を飛ばすのがおいしさの秘訣。チーズはモッツァレラチーズやカッテージチーズでも。

●材料（4人分）

ほうれん草（ざく切り）…約500g
塩…適量
水…1カップ
玉ねぎ（みじん切り）…1個
にんにく（すりおろし）…2かけ
しょうが（すりおろし）…1かけ
トマト（ざく切り）…1個
湯…適量
生クリーム…大さじ1
サラダ油…大さじ1
パニール（P.45）…適量

 ホールスパイス
クミンシード…小さじ1

 パウダースパイス
コリアンダー…小さじ2
ターメリック…小さじ1/4
レッドペッパー…小さじ1/2

バラッツ・アドバイス

素材の味を生かしたやさしい味わいのカレーです。ほうれん草のほか、からし菜や小松菜でもおいしくつくれます。ミキサーがない場合は、包丁で細かく刻んで加えてもOK。

●つくり方

1 ほうれん草は塩少々を加えたたっぷりの熱湯でゆで、ザルに上げる。水とともにミキサーに入れ、ペースト状になるまで撹拌する。

2 鍋（またはフライパン）にサラダ油を熱してクミンシードを炒める。細かい泡が出てきたら玉ねぎを加え、こんがり色づくまで炒める。

3 にんにく、しょうがを加えて炒め、香りが立ってきたらトマトを加え、水分が飛ぶまで炒める。

4 パウダースパイス、塩少々を加えて全体をなじませ、湯を注いでのばして (a) のペーストを加え (b)、しばらく煮る。

5 生クリームを加えて混ぜ、味をみて塩でととのえる。器に盛り、パニールをトッピングする。

(a) 湯を加えて全体をのばすように混ぜ合わせる。

(b) ペーストを加え、全体を混ぜ合わせてなじむまで煮る。

えびカレー

コリアンダーチキンカレー

えびカレー

■■■ 玉ねぎ炒め Level 3

タマリンドというプルーンのような甘酸っぱい果実の酸味を生かした南インド風のカレー。えびのうま味と酸味がマッチしたスパイシーで風味豊かな味わいです。えびはブラックタイガーや大正えびなど何でもOK。

●材料（4人分）

えび（殻つき）…8尾
タマリンド*…10g
水…2カップ
サラダ油…大さじ2
玉ねぎ（みじん切り）…大1個
にんにく（すりおろし）…大さじ1
しょうが（すりおろし）…大さじ1
トマト（ざく切り）…大1個
塩…少々
しょうがの千切り…適量

ホールスパイス
クミンシード…小さじ1

パウダースパイス
コリアンダー…小さじ1
ターメリック…小さじ1/4
レッドペッパー…小さじ1/4

*インド、東南アジア、アフリカなど亜熱帯および熱帯地方で栽培されるマメ化の常緑高木で果実が食用になる。蜜のような甘い香りとレモンにも似た独特の強い酸味を持つ。

バラッツ・アドバイス

タマリンドの酸味はえびなどの魚介とよく合います。タマリンドがない場合は、梅干し2個と三温糖（または砂糖）小さじ1でも代用できます。パウダースパイスに、パプリカパウダー小さじ1/2、ガラムマサラ（P.124）小さじ1/2を加えると、より本格的な味わいになります。

●つくり方

1 えびは尾を残して殻をむき、背開きにして背わたを取る。タマリンドは、ぬるま湯1/2カップ（分量外）で溶いて、タマリンド水をつくる(a)。

2 鍋にサラダ油を熱して、クミンシードを炒める。細かい泡が出てきたら玉ねぎを加え、飴色になるまで炒める。

3 にんにく、しょうがを加えて炒め、香りが立ってきたらトマトを加えて炒める。トマトの水分が飛んだらパウダースパイス、塩を加える。

4 水と❶のタマリンド水を加えてのばし、10分ほど煮込む。

5 ❶のえびを加え(b)、ひと煮立ちさせて、しょうがを加える。

(a) タマリンドを手でもみ出してタマリンド水をつくる。

(b) えびは加熱し過ぎないように火が通る程度にさっと煮る。

コリアンダーチキンカレー

■■■■ 玉ねぎ炒め Level 3

フレッシュパクチーをたっぷり使ったソースが決め手。パクチー（香菜）好きにはたまらない独特の香りが口いっぱいに広がるクセになる味わいです。ココナッツミルクとヨーグルトでコクと酸味をプラス。

●材料（4人分）

鶏もも肉（ひと口大に切る）…500g
A
　パクチー…1カップ（20g）
　青唐辛子…1本
　塩…小さじ1/4
　水…1/2カップ
玉ねぎ（みじん切り）…1個
サラダ油…大さじ3
にんにく（みじん切り）…大さじ1
しょうが（みじん切り）…大さじ1
トマト（ざく切り）…1個
塩…小さじ1と1/2
水…1カップ
ココナッツミルク…1/2カップ
プレーンヨーグルト…大さじ2
パクチー（ざく切り）…適量

ホールスパイス
クミンシード…小さじ1/4

パウダースパイス
コリアンダー…小さじ3
ターメリック…小さじ1/2
レッドペッパー…小さじ1/2

バラッツ・アドバイス
コリアンダーソースの青唐辛子1本は、ししとう1本またはピーマン1/2個でも代用できます。

●つくり方

1. Aはミキサーにかけてペースト状にして、コリアンダーソースをつくる。
2. 鍋にサラダ油を熱して、クミンシードを炒める。細かい泡が出てきたら玉ねぎを加え、飴色になるまで炒める。
3. にんにく、しょうがを加えて炒め、香りが立ってきたらトマトを加え、水分が飛ぶまで炒める (a)。
4. パウダースパイス、塩を加えて混ぜ合わせ、鶏肉を加えて炒める (b)。
5. 鶏肉の表面が白っぽくなったら水を注いで煮る。肉がやわらかくなったら❶、ココナッツミルク、ヨーグルトを加え、3〜4分煮込む。器に盛り、パクチーを散らす。

(a) トマトを加え、水分が飛んでねっとりするまで炒める。

(b) 鶏肉は表面が白っぽくなったら水を注ぐ。

白身魚のカレー

■■■ 玉ねぎ炒め Level 3

白身魚のうま味、梅干しの酸味、ココナッツミルクのコク、3つの味のバランスが絶妙なカレー。たらはマリネして臭み抜きと風味づけをするのがポイント。煮過ぎないようにさっと仕上げるのもおいしさの秘訣です。

●材料（4人分）

生だらの切り身（半分に切る）…3切れ
A │ ターメリック…小さじ1/2
　│ レモン汁…少々
サラダ油…大さじ3
玉ねぎ（みじん切り）…1個
トマト（ざく切り）…1個
B │ 梅干し…2個
　│ 三温糖（または砂糖）…小さじ1
塩…少々
ココナッツミルク…1カップ
パクチー（ざく切り・あれば）…適量

ホールスパイス
クミンシード…小さじ1

パウダースパイス
コリアンダー…小さじ1
ターメリック…小さじ1/2
レッドペッパー…小さじ1

 **バラッツ・アドバイス**

生だらのほか、鯛、いか、スズキでもおいしくつくれます。梅干しと三温糖（B）は、タマリンド水（P.32）を使うとより本格的な味わいになります。

●つくり方

1 たらはAをまぶして、30分ほど冷蔵庫においてマリネしておく(a)。

2 鍋にサラダ油を熱して、クミンシードを炒める。細かい泡が出てきたら玉ねぎを加え、飴色になるまで炒める。

3 トマトを加え、水分が飛ぶまでよく炒める。

4 パウダースパイス、B、塩を加え(b)、全体がなじんだらココナッツミルクを加えてひと煮立ちさせる。

5 ❶のたらを加え、3～4分煮込む。器に盛り、好みでパクチーを添える。

(a) たらはターメリックとレモン汁をまぶしてラップをし、冷蔵庫でマリネする。

(b) トマトをよく炒めて水分を飛ばし、パウダースパイス、B、塩を加える。

キノコたっぷりカレー

■■■ 玉ねぎ炒め Level 3

ごま油を使ってバターしょうゆ味に仕上げた具だくさんの和風カレー。白いご飯といっしょに盛りつけていただきましょう。キノコは、椎茸やえのき茸、マッシュルームなど好みのものでつくっても。

● 材料（4人分）

しめじ…1パック
舞茸…1パック
エリンギ…1本
ごま油…大さじ3
玉ねぎ（みじん切り）…1個
にんにく（すりおろし）…小さじ1
しょうが（すりおろし）…小さじ1
トマト（ざく切り）…1個
塩…小さじ1
湯…1と1/2カップ
バター…大さじ1
しょうゆ…大さじ1

　ホールスパイス　
クミンシード…小さじ1/4

　パウダースパイス　
コリアンダー…小さじ2
ターメリック…小さじ1/2
レッドペッパー…小さじ1

● つくり方

1　キノコは石づきを取り、食べやすい大きさに切り分ける。

2　鍋にサラダ油を熱して、クミンシードを炒める。細かい泡が出てきたら玉ねぎを加え、飴色になるまで炒める。

3　にんにく、しょうがを加えて炒め、香りが立ってきたらトマトを加え、水分が飛ぶまで炒める。

4　パウダースパイス、塩を加えて全体になじませ、❶のキノコを加えて炒め合わせる。

5　湯を少しずつ加えてのばし、バター、しょうゆを加えて (a) 10分ほど煮込む。

(a) バター、しょうゆを加えて味をととのえる。

マトンカレー

■■■ 玉ねぎ炒め Level 3

クセのあるマトン（羊）肉にミントやパクチーを合わせて爽やか風味に。肉をマリネする時間は長いほどおいしくなります。ホールスパイスは、カルダモンやシナモンスティックを足すとさらに味わい深い仕上がりに。

●材料（4人分）

マトン骨付きもも肉（ひと口大）…500g

A
- プレーンヨーグルト…250g
- にんにく（すりおろし）…小さじ1
- しょうが（すりおろし）…小さじ1
- レモン汁…大さじ1
- 塩…少々
- ミント（粗みじん切り）…ひとつまみ

サラダ油…大さじ3
玉ねぎ（みじん切り）…大1個
にんにく（すりおろし）…大さじ1
しょうが（すりおろし）…大さじ1
トマト（ざく切り）…大1個
パクチー（粗みじん切り）…1/2カップ（10g）
ミント（粗みじん切り）…1/2カップ（10g）
水…1カップ

ホールスパイス
クミンシード…小さじ1/2

パウダースパイス
コリアンダー…小さじ2
ターメリック…小さじ1/4
レッドペッパー…小さじ1/4

●つくり方

1 ボウルにA、パウダースパイスを入れてよく混ぜ、マトン肉を入れてよくもみ込む。ラップをして冷蔵庫に入れ、3時間以上マリネする(a)。

2 鍋にサラダ油を熱して、クミンシードを炒める(b)。細かい泡が出てきたら玉ねぎを加え、飴色になるまで炒める。

3 にんにく、しょうがを加えて炒め、香りが立ってきたらトマトを加え、水分が飛ぶまで炒める。

4 パクチー、ミントを加えてさらに炒め、❶のマトン肉をマリネ液ごと加えて煮る。

5 沸騰したら弱火にして、肉がやわらかくなるまで1時間ほど煮込む。途中、水分がなくなってきたら水を加える。味をみて、塩（分量外）でととのえる。

(a) 冷蔵庫に入れ、3時間以上（できれば一晩）マリネする。

(b) たっぷりの油でクミンシードを焦がさないように炒める。

ジャパニーズカレー

■■■□ 玉ねぎ炒め Level 3

わざわざルウからつくる日本風のカレー。辛さは控えめで、ほっこりとするなつかしい味わいです。好みで、はちみつやコンソメを加えるとよりコク深い味わいに。メインの肉はお好みに合わせて選んでも。

●材料（4人分）

小麦粉…100g
バター…100g
塩…適量
サラダ油…大さじ1
豚薄切り肉（ひと口大）…400g
玉ねぎ（厚めの薄切り）…1個
にんにく（すりおろし）…大さじ1
しょうが（すりおろし）…大さじ1
にんじん（乱切り）…1本
じゃがいも（ひと口大）…2個
水…約750㎖

ホールスパイス
クミンシード…小さじ1

パウダースパイス
コリアンダー…大さじ2
ターメリック…小さじ1
レッドペッパー…小さじ1

●つくり方

1. ルウをつくる。フライパンを弱火で熱してバターを溶かし、小麦粉を少しずつ加えながらゆっくり火が通るまで炒める。パウダースパイス、塩を加え、さらに炒める (a)。

2. ルウが濃い茶色になったら火を止め、好きな形に成形して冷ます (b)。

3. 鍋にサラダ油を熱してクミンシードを炒める。細かい泡が出てきたら玉ねぎを加え、飴色になるまで炒める。

4. にんにく、しょうがを加えて炒め、香りが立ってきたら豚肉を加えて炒める。

5. 肉の表面が白っぽくなったらにんじん、じゃがいもの順に加えて炒め、水を注いで煮込む。

6. 具がやわらかくなったら❷のルウを少しずつ加え (c)、好みのとろみになったら塩（分量外）で味をととのえる。

(a) 小麦粉に火が通ればOK。スパイスを加えてさらに炒める。

(b) ルウは成形して冷ます。保存する場合は密閉容器に入れて冷蔵庫におく。

(c) ルウは少しずつ加えてとろみをつける。

カレーのお供に

オクラとトマトのサブジ

サブジとはインド風の炒め物のこと。オクラは加熱し過ぎると食感が悪くなるので注意しましょう。

●材料（4人分）

オクラ…15〜20本
トマト…1個
サラダ油…大さじ1
水…大さじ2
塩…適量

ホールスパイス
クミンシード…小さじ1/2

パウダースパイス
クミンパウダー…小さじ1
コリアンダー…小さじ1
ターメリック…小さじ1/4

●つくり方

1 オクラはガクをぐるりとむき、トマトは1cm角に切る。

2 フライパンにサラダ油を熱してクミンシードを炒め、細かい泡が出てきたらオクラを加えて炒め、ターメリックを加える。

3 全体に油がまわったら水を加えてふたをし、2〜3分蒸し煮にする。

4 オクラがしんなりしたら残りのパウダースパイス、塩を加えて全体にからめる。トマトを加えてさっと炒め合わせ、塩で味をととのえる。

ごぼうとこんにゃくのサブジ

ほんのりカレー風味の根菜とこんにゃくのピリ辛サブジ。レッドペッパーの量はお好みで加減して。

●材料（4人分）

ごぼう（ささがき）…2本
つきこんにゃく…1袋
サラダ油…大さじ3
にんにく（みじん切り）…2かけ
しょうが（みじん切り）…2かけ
長ねぎ（斜め薄切り）…1本
塩…適量
しょうゆ…小さじ2

ホールスパイス
クミンシード…小さじ1/2

パウダースパイス
コリアンダー…小さじ2
ターメリック…小さじ1/2
レッドペッパー…小さじ1/2

●つくり方

1 フライパンにサラダ油を熱してクミンシードを炒め、細かい泡が出てきたらにんにく、しょうがを加え、炒める。

2 香りが立ってきたら長ねぎを加えて炒め、しんなりしたらごぼう、こんにゃくを加えて炒める。

3 パウダースパイスを加えて全体になじませ、しょうゆをからめ合わせて塩で味をととのえる。

大根のサブジ

マスタードシードのほのかな苦味と辛味がアクセント。大根はやわらかくなるまでじっくり加熱して。

●材料（4人分）

大根…½本（1.5cm角に切る）
サラダ油…大さじ½
塩…小さじ1
　ホールスパイス
マスタードシード…小さじ½
　パウダースパイス
ターメリック…小さじ½

●つくり方

1. 大根は1.5cm角のさいの目に切り、ボウルにたっぷりの水と塩（分量外）を入れた中に入れ、塩もみする。15分ほどおいて、ザルに上げる。
2. フライパンにサラダ油を熱し、マスタードシードを入れてふたをし、パチパチする音がしなくなったら❶の大根、ターメリック、塩を加え、軽く炒める。
3. 大根が黄色くなったら弱火にし、ふたをして10〜15分蒸し焼きにする。途中、焦げないように混ぜ合わせる。
4. 大根に火が通り、透明感が出てきたらでき上がり。

れんこんとヨーグルトのサブジ

ヨーグルトの酸味とスパイスの風味豊かな一品。カスリメティはなければ加えなくてもOK。

●材料（4人分）

れんこん…1節
サラダ油…大さじ½
プレーンヨーグルト…1カップ
トマト（さいの目切り）…1個
塩…小さじ1
　ホールスパイス
フェヌグリーク…小さじ½
カスリメティ（あれば）…大さじ1
　パウダースパイス
ターメリック…小さじ¼
コリアンダー…小さじ½
レッドペッパー…小さじ¼

●つくり方

1. れんこんは皮をむいて厚さ2mmの半月に切り、水にさらしてザルに上げ、水気をきる。
2. フライパンにサラダ油を熱してフェヌグリークを入れ、香りが立ってきたら❶のれんこん、ターメリックを加えて炒める。
3. ターメリックが全体にまわったらヨーグルト、トマトを加え、弱火にしてしばらく煮込む。
4. れんこんに火が通り、全体がなじんだら残りのパウダースパイス、塩を加えて炒め、仕上げに軽く手でもんでからカスリメティを加え、さっと混ぜる。

カレーのお供に

ポテトマサラ

マサラとはスパイスを混ぜ合わせたもののこと。
じゃがいもの爽やかスパイシーな一品。

●材料（4人分）

じゃがいも（ひと口大）…3個
サラダ油…大さじ2
にんにく（すりおろし）…小さじ1
しょうが（すりおろし）…小さじ1
塩…小さじ1
水…大さじ2
パクチー（みじん切り）…1/2カップ（10g）
レモン汁…1/2個分

ホールスパイス
クミンシード…小さじ1/2

パウダースパイス
コリアンダー…小さじ2
ターメリック…小さじ1/4
レッドペッパー…小さじ1/2

●つくり方

1 じゃがいもは硬めに下ゆでしておく。

2 フライパンにサラダ油を熱してクミンシードを加え、細かい泡が出てきたらにんにく、しょうがを加えて炒める。

3 香りが立ってきたらパウダースパイス、塩を加え、15秒ほど炒める。

4 水を加えて煮立てて、全体がとろりとしてきたら❶のじゃがいもを加え、炒める。

5 パクチー、レモン汁を加え、さっと混ぜ合わせる。

さっぱりキャベツのレモン風味

キャベツをターメリックで色づけして蒸し焼きにしました。レモン汁の量はお好みで加減して。

●材料（4人分）

キャベツ（千切り）…1/2個
レモン（輪切り）…1/2個
サラダ油…小さじ1〜2
塩…適量

パウダースパイス
ターメリック…小さじ1/4

●つくり方

1 フライパンにサラダ油を熱し、キャベツ、ターメリック、塩を入れて炒め、ふたをして3〜4分蒸し焼きにする。

2 キャベツがしんなりしたら全体を混ぜ、レモン1切れの果汁をしぼってひと混ぜする。

3 味をみて塩でととのえ、器に盛って残りのレモンを添える。

パニールをつくろう！

パニールとは、インド風手づくりチーズのこと。できたてのフレッシュな味わいは、そのまま食べたり、カレーに入れたり（P.28）、デザートとして甘く味つけしたりとさまざまに楽しめます。

● 材料（つくりやすい分量）

牛乳…1ℓ
カルダモン（あれば）…2～3粒
レモン汁…40㎖
塩…少々

● つくり方

1 鍋に牛乳、好みでカルダモンを入れて煮立たせる。

2 弱火にして、レモン汁、塩を加える。

3 ゆっくりとかき混ぜ、全体を分離させる。

4 ボウルにザルをのせ、布巾をかぶせたところに注ぐ。

5 布巾ごと引き上げて布に残ったものを軽くしぼり、冷蔵庫に入れて上に重しをして30分以上おく。

カレーのお供に

きゅうりとトマトのライタ

ライタとはヨーグルトベースのインド風サラダのこと。りんご、キウイ、柿などを加えても。

●材料（4人分）

きゅうり（厚さ3mmの輪切り）…2本
トマト（さいの目切り）…1個
A ｜ プレーンヨーグルト…400g
　｜ レモン汁…½個分
　｜ 塩…小さじ½

ホールスパイス
マスタードシード…小さじ½

パウダースパイス
クミンパウダー…小さじ1
コリアンダー…小さじ1
レッドペッパー…小さじ½

●つくり方

1. マスタードシードは、すり鉢でつぶす(a)。
2. ボウルにA、パウダースパイスを入れて混ぜ合わせ、きゅうり、トマトを和える。
3. 仕上げに❶を加え、さっと混ぜる。

(a) ここでは2種類のマスタードシード（P.8）を使用。

クッチュンバー（インドの野菜サラダ）

インドでは定番の野菜サラダ。スパイシーな箸休めとして、またはカレーと混ぜて食べてもOK。

●材料（4人分）

きゅうり（小さめの乱切り）…2本
トマト（さいの目切り）…1個
玉ねぎ（みじん切り）…½個
塩…小さじ1
レモン汁…小さじ1
パクチー（みじん切り）…大さじ1

パウダースパイス
クミンパウダー…小さじ½
コリアンダー…小さじ½
レッドペッパー…小さじ¼

●つくり方

1. すべての材料をボウルに入れ、混ぜ合わせる。
2. 器に盛り、好みでカットレモン（分量外）を添える。

柿とラディッシュ、グリーンリーフのサラダ

季節の野菜やフルーツを使ったスパイス風味のサラダ。りんごやイチジク、アボカドなどを加えても。

● 材料（4人分）

柿（ひと口大）…2個
水菜（ざく切り）…1束
ラディッシュ（薄切り）…1束
グリーンリーフ（食べやすくちぎる）…2袋

A
- 生しぼりなたね油（またはオリーブ油）…大さじ3
- 白ワインビネガー…大さじ3
- しょうが汁…少々
- 塩…小さじ1
- 白こしょう・黒こしょう…各少々

パウダースパイス
クミンパウダー…小さじ1
コリアンダー…小さじ1

● つくり方

1. ボウルにA、パウダースパイスを入れて混ぜ合わせ、ドレッシングをつくる。
2. 別のボウルに❶以外の材料をすべて入れ、混ぜ合わせる。
3. 食べる直前に、❷に❶をかけて和える。

クミン風味のマッシュポテト

牛乳と生クリームでとろとろに仕上げたインド風マッシュポテト。

● 材料（4人分）

じゃがいも（ひと口大）…2個
サラダ油…小さじ1
水…大さじ2
牛乳…1カップ
生クリーム…大さじ1
塩…小さじ1

ホールスパイス
クミンシード…小さじ1

パウダースパイス
クミンパウダー…小さじ1/2

● つくり方

1. じゃがいもはたっぷりの湯で下ゆでして、水気をきる。
2. フライパンにサラダ油を熱してクミンシードを加え、細かい泡が出てきたら❶のじゃがいも、水を加え、木べらでつぶしながら炒める。
3. じゃがいもの形がなくなるくらいまでつぶしたら弱火にし、牛乳を少しずつ加えながら混ぜ合わせる。
4. 全体がマッシュ状になったら火を止め、生クリーム、クミンパウダー、塩を混ぜる。

CHAPTER 1

カレーのお供に

アチャール

酸味と辛味がきいたピクルスにも似たインドの常備菜。スパイスカレーに添えたり、箸休めにも。いろいろな野菜でつくってみましょう。

なすのアチャール

●材料（つくりやすい分量）

なす（1cm角に切る）…2本
サラダ油…大さじ4
酢…大さじ2
塩…小さじ1

ホールスパイス
クミンシード…小さじ1/2

パウダースパイス
コリアンダー…小さじ1
ターメリック…小さじ1/2
レッドペッパー…小さじ2

●つくり方

1 フライパンにサラダ油を熱してクミンシードを炒め、細かい泡が出てきたら弱火にしてパウダースパイス、塩を加える。

2 なすを加えてさっと炒め、酢を加える。水分が飛んで、油が浮いてくるくらいになるまで炒める。

なすのアチャール

にんじんのアチャール

玉ねぎのアチャール

にんじんのアチャール

●材料（つくりやすい分量）

にんじん（拍子木切り）…2本
青唐辛子（縦に切り目を入れる）…2本
サラダ油…大さじ3
酢…大さじ2
塩…小さじ1

ホールスパイス
マスタードシード…小さじ$\frac{1}{2}$

パウダースパイス
ターメリック…小さじ$\frac{1}{4}$
レッドペッパー…小さじ$\frac{1}{2}$
パプリカパウダー…小さじ1

●つくり方

1 にんじんは、たっぷりの湯で下ゆでしておく。

2 フライパンにサラダ油を熱し、マスタードシードを入れてふたをし、パチパチする音がしなくなったら青唐辛子を炒め、❶のにんじんを加える。

3 弱火にしてパウダースパイス、塩を加えて混ぜ合わせる。

4 酢を加え、水分を飛ばすように炒めて塩小さじ$\frac{1}{2}$（分量外）を加え、火を止める。

5 粗熱が取れたら、蒸気消毒した密閉容器に入れ、ふたをして一晩おく。

玉ねぎのアチャール

●材料（つくりやすい分量）

玉ねぎ（1.5cm幅のくし形切り）…1個
サラダ油…1カップ
レモン（薄いいちょう切り）…1個
しょうが（千切り）…50g
塩…小さじ2

パウダースパイス
コリアンダー…小さじ1
ターメリック…小さじ$\frac{1}{2}$
レッドペッパー…小さじ2
パプリカパウダー…大さじ1

●つくり方

1 ボウルにサラダ油、パウダースパイス、塩を入れてよく混ぜ合わせる。

2 そのほかのすべての材料を❶に加え、しっかり混ぜ合わせる。

3 蒸気消毒した密閉容器に入れ、ふたをして一晩おく。

バラッツ・アドバイス

カレーに合わせることの多いアチャールは、インドでは漬物のような存在です。大根やじゃがいも、カリフラワー、ゴーヤなど、好みの野菜でつくってみましょう。

カレーのお供に

チャツネ

ミントチャツネ
コリアンダーチャツネ

香味野菜やハーブ、スパイスなどを混ぜてつくる万能ソース。
カレーに混ぜたり、サラダや揚げ物などのたれとしても。

ミントチャツネ

●材料（つくりやすい分量）

ミント（ざく切り）…2カップ（40g）
パクチー（ざく切り）…1カップ（20g）
にんにく…2かけ
しょうが（3cm角に切る）…1かけ
カシューナッツ…1/2カップ（60g）
プレーンヨーグルト…大さじ4
青唐辛子（小口切り）…1本
塩…小さじ1/2

パウダースパイス

クミンパウダー…小さじ1
コリアンダー…小さじ1
チャートマサラ（P.125・あれば）…小さじ1/2

●つくり方

1 カシューナッツはぬるま湯に30分つけてやわらかくしておく。

2 ヨーグルトはスプーンでかき混ぜ、ダマがないようにする。

3 ❶、❷、そのほかすべての材料をミキサー（またはブレンダー）に入れ、色が均等になるように撹拌する。

コリアンダーチャツネ

●材料（つくりやすい分量）

パクチー（ざく切り）…1カップ（20g）
しょうが（3cm角に切る）…1かけ
レモン汁…小さじ2
プレーンヨーグルト…大さじ1
塩…少々

パウダースパイス

コリアンダー…小さじ1

●つくり方

1 すべての材料をミキサーに入れ、ペースト状に撹拌する。

バラッツ・アドバイス

ここで紹介するチャツネは、ナン（P.74）やチャパティ（P.76）につけて食べたり、サモサ（P.118）やパコラ（P.122）など揚げ物にもよく合います。とくにミントチャツネは、タンドリーチキン（P.116）やシークカバブ（P.117）などの肉料理と相性抜群で、焼鳥（塩）の薬味にもおすすめ。チャートマサラを入れない場合は、塩は小さじ1に調整しましょう。

CHAPTER 2

和の素材×スパイスでつくる やさしいカレー

菜の花、たけのこ、あさり、オクラ、かぼちゃ、さんま、ごぼう、さつまいもなど日本の四季折々の素材を組み合わせた、バラッツ流のカレーレシピを紹介します。基本の4スパイスを中心として、調理法も比較的かんたんにつくれるものばかり。インドのスパイスと和の素材がコラボしたやさしい味わいのカレーたちです。

えびと菜の花のカレー

■■■□ 玉ねぎ炒め Level 3

えびの殻で味つけした湯で煮込むのがポイント。玉ねぎをしっかり飴色になるまで炒めることでうま味が凝縮し、えびの風味と菜の花のほろ苦さがアクセントに。えびは加熱し過ぎると硬くなるので注意しましょう。

●材料（4人分）

えび（殻つき）…15尾
湯…2カップ
菜の花（小房に分ける）…1パック
サラダ油…大さじ3
にんにく（みじん切り）…小さじ1
しょうが（みじん切り）…小さじ1
玉ねぎ（みじん切り）…1個
トマト（ざく切り）…1個
塩…小さじ1/2
A｜梅干し…1個
　｜三温糖（または砂糖）…小さじ1

パウダースパイス
クミンパウダー…小さじ1
コリアンダー…小さじ2
ターメリック…小さじ1/2
レッドペッパー…小さじ1/2

●つくり方

1 えびは尾を残して殻をむき、背開きにして背わたを取る。むいた殻は小鍋に移してサラダ油少々（分量外）で香ばしく炒め、湯を加えて弱火で10分ほど煮る。殻は捨てて、ゆで汁はとっておく。

2 別の鍋にサラダ油を熱して、にんにく、しょうがを炒め、香りが立ってきたら玉ねぎを加えて飴色になるまで炒める。

3 トマトを加え炒め、水分が飛んだらパウダースパイス、塩、Aを加えて炒め合わせる。

4 ❸に❶のゆで汁を加え、混ぜ合わせる。

5 フライパンにサラダ油小さじ1（分量外）を熱して菜の花を炒め、パウダースパイス（分量外）、塩少々（分量外）を加えて炒める(a)。

6 ❹に❶のえびを加えて軽く煮て、❺を加えてさっと混ぜる。

バラッツ・アドバイス

このカレーはさらっとした仕上がりが特徴ですが、もう少しとろみやコクが欲しいなら、ココナッツミルク1/4〜1/2カップを加えるとさらに違ったおいしさが楽しめます。

(a) パウダースパイスは同じものを少量ずつ加え、さっと炒める。

たけのこと春キャベツのカレー

ほんのりココナッツ風味でやさしい味わいの春カレー。インドの豆が2種類入っているのが特徴で、ココナッツファインはよく炒めて香ばしく仕上げましょう。炒めるときは焦げつきに注意して。

●材料（4人分）

たけのこの水煮（ひと口大）…1本
キャベツ（ざく切り）…1/2個
サラダ油…大さじ3
ムングダール*…大さじ1
ウダドダール**…大さじ1
ココナッツファイン***…1/2カップ
水…1と1/2カップ
ココナッツミルク…3/4カップ
塩…適量

パウダースパイス
コリアンダー…小さじ2
ターメリック…小さじ1/2
レッドペッパー…小さじ1/2

＊緑豆（ムング豆）の皮をむいて半分に割ったもの。レンズ豆で代用OK。
＊＊ウダド豆（黒豆）の皮をむいて半分に割ったもの。ムングダール同様レンズ豆で代用OK。
＊＊＊ココナッツの実の胚乳を乾燥させてパン粉状にしたもの。粉状にしたものが「ココナッツパウダー」。

●つくり方

1. 鍋にサラダ油を熱してムングダール、ウダドダールを入れ、パチパチと音がしてくるまで炒める(a)。
2. ココナッツファインを加え炒め(b)、パウダースパイス、塩を加え、水1/2カップを少しずつ加えてのばす(c)。
3. たけのこ、キャベツを加えて炒め、残りの水1カップを加えて煮込む(d)。具に火が通ったらココナッツミルクを加え、ひと煮立ちさせて塩で味をととのえる。

(a) 最初に豆2種類を炒める。

(b) ココナッツファインは軽く色づくまで炒める。

(c) パウダースパイスを入れ、水は1/2カップほど加える。

(d) たけのこ、キャベツを加えて煮込む。

あさりのカレー

■■□ 玉ねぎ炒め Level 2

あさりのだしがきいたスパイシーなカレー。ヨーグルトとココナッツミルクも加わって爽やかな風味に仕上がっています。あさりは煮過ぎると硬くなるので、さっと煮る程度で火を止めましょう。

●材料（4人分）

あさり（殻つき・砂抜きする）*…400〜500g
サラダ油…大さじ1
玉ねぎ（みじん切り）…1個
A ┃ 青唐辛子（みじん切り）…2本
  ┃ にんにく（すりおろし）…大さじ1
  ┃ しょうが（すりおろし）…大さじ1
トマト（ざく切り）…大1個
塩…小さじ1と1/2
ヨーグルト…1/2カップ
水…2カップ
ココナッツミルク…1/4カップ
パクチー（あれば）…適量

ホールスパイス
マスタードシード（またはクミンシード）
　…小さじ1/4

パウダースパイス
コリアンダー…小さじ2
ターメリック…小さじ1/4
レッドペッパー…小さじ1/2

＊バットなどに貝を入れ、塩水（水300mlに対して塩小さじ2が目安）をひたひたに加えてアルミ箔などをかぶせて中を暗くし、1〜2時間おく。

バラッツ・アドバイス

青唐辛子は、ししとう2本、またはピーマン1個でも代用OK。

●つくり方

1 あさりは、殻同士をこすり合わせて水洗いし、ザルに上げる。

2 鍋にサラダ油を熱し、マスタードシードを入れてふたをし、パチパチする音がしなくなったら玉ねぎを加え、こんがり色づくまで炒める。

3 Aを加えてよく炒め、トマトを加えて水分がなくなるまで炒める。

4 パウダースパイス、塩を加えて全体をなじませ、ヨーグルトを加える。

5 水を少しずつ加えながらのばして、煮立たせる。

6 ココナッツミルク、❶のあさりを加え(a)、5分ほど煮込む。器に盛り、好みでパクチーを散らす。

(a) あさりを加えて、口が開いたら煮過ぎないうちに火を止める。

納豆、オクラ、長芋のねばねばカレー

■■■■■ 玉ねぎ炒め Level 3

ねばねば食品とスパイスの意外な組み合わせの和風カレー。納豆風味であっさりとした口当たり、クミンシードと赤唐辛子をこんがり炒めて、ピリ辛＆香ばしい味に仕上げています。

●材料（4人分）

納豆…1パック
オクラ…1パック
長芋…中1本
サラダ油…大さじ1
玉ねぎ（粗みじん切り）…1個
にんにく（すりおろし）…小さじ1
しょうが（すりおろし）…小さじ1
トマト（ざく切り）…1個
塩…小さじ1
湯…1と1/2カップ

ホールスパイス
赤唐辛子…3〜4本
クミンシード…小さじ1/2

パウダースパイス
コリアンダー…小さじ2
ターメリック…小さじ1/2
レッドペッパー…小さじ1/2

●つくり方

1 オクラはガクをぐるりとむき、斜め半分に切る。長芋は皮をむき、短冊切りにする。

2 フライパンにサラダ油、赤唐辛子を入れて火にかけ、赤唐辛子がこんがり色づいてきたらクミンシードを加え、炒める。細かい泡が出てきたら玉ねぎを加え、飴色になるまで炒める。

3 にんにく、しょうがを加えて炒め、香りが立ってきたらトマトを加え、水分が飛ぶまで炒める。

4 パウダースパイス、塩を加えて全体をなじませ、オクラ、長芋を加えて軽く炒め、湯を少しずつ加えてのばす。

5 混ぜておいた納豆を加え、ひと煮立ちさせる。

バラッツ・アドバイス
納豆を加えるときは、添付のしょうゆを混ぜてから加えると、より味わいの輪郭がはっきりします。

ソルトラッシー（ヨーグルトドリンク）のつくり方

●材料（4人分）

牛乳…500ml
プレーンヨーグルト…200g
コリアンダーパウダー…小さじ1/2
クミンパウダー…小さじ1/2
砂糖…大さじ1
塩*…小さじ1/2

＊好みで塩は入れなくてもOK。

●つくり方

1 ボウルにすべての材料を入れ、よく混ぜ合わせれば完成。ミキサーで撹拌すれば、もっとなめらかに仕上がる（一緒にバナナやパイナップル、マンゴーなどを適量加えてフルーツラッシーにしても）。

2 氷を入れたグラスに注ぐ。

鮭とトマトのカレー

■■■■ 玉ねぎ炒め Level 3

トマトのうま味と梅干しの酸味、爽やか系のスパイスが光る香り豊かなシーフードカレー。トマトは2段階で加えて食感を残し、鮭はさっと煮る程度にして煮くずれないように注意しましょう。

●材料（4人分）

生鮭の切り身（ひと口大に切る）…3切れ
サラダ油…大さじ3
玉ねぎ（みじん切り）…1個
A ┃ 青唐辛子（縦に切り目を入れる）…2本
　 ┃ にんにく（すりおろし）…小さじ1
　 ┃ しょうが（すりおろし）…小さじ1
塩…小さじ1と1/2
トマト（ざく切り）…1個
水…1と1/2カップ
B ┃ 梅干し…2個
　 ┃ 三温糖（または砂糖）…小さじ1
パクチー…少々
しょうが（千切り）…適量

ホールスパイス
マスタードシード…小さじ1/2
カルダモン…4粒
フェンネル…小さじ1/4

パウダースパイス
コリアンダー…小さじ2
ターメリック…小さじ1/4
レッドペッパー…小さじ1/2

バラッツ・アドバイス

スープとしても楽しめるスパイスカレーです。梅干しと三温糖（B）は、タマリンド水（P.32）を使うとより本格的な味わいになります。青唐辛子は、ししとう2本、またはピーマン1個でも代用OK。

●つくり方

1. 鍋にサラダ油を熱し、マスタードシードを入れてふたをし、パチパチする音がしなくなったらカルダモン、フェンネルを加え、香りが立ってくるまで炒める。

2. 玉ねぎを加えて飴色になるまで炒め、Aを加える。香りが立ってきたらトマトの半量を加え、水分が飛ぶまで炒める。

3. パウダースパイス、塩を加えて全体をなじませ、水を少しずつ加えてのばす。

4. Bを加えて煮立たせ、鮭を加える。

5. 残りのトマト、パクチーを加え(a)、塩で味をととのえる。器に盛り、好みでしょうがをのせる。

(a) 仕上げにトマトとパクチーを加えて、しばらく煮る。

かぼちゃのカレー

■ 玉ねぎ炒め Level 1

カルダモンが清々しく香るかぼちゃの甘さを生かしたやさしい味わいのポタージュ風カレー。辛味はまったくないので、辛くしたいならコリアンダーと一緒にレッドペッパー少々を加えてもOK。

●材料（4人分）

かぼちゃ…1個
玉ねぎ（みじん切り）…1/2個
サラダ油…大さじ2
牛乳…1カップ
湯…2〜2と1/2カップ
塩…適量

ホールスパイス
カルダモン…5粒

パウダースパイス
コリアンダー…小さじ1

●つくり方

1 かぼちゃは皮をむいて半分に切り、わたを取って半分は薄切り、半分はひと口大に切る。

2 鍋にサラダ油を熱して、カルダモンを炒める。カルダモンがぷくっとしたら玉ねぎを加え、ほんのり色づくまで炒める。

3 ❶の薄切りを加え炒め、湯を1カップほど少しずつ加えて、とろっとするまで煮る。

4 コリアンダー、塩を加え、残りのかぼちゃを加えて、残りの湯を少しずつ加えながら混ぜ合わせる。

5 仕上げに牛乳を加え、かぼちゃがやわらかくなるまで煮込む。味をみて、塩でととのえる。

チャイ（スパイスミルクティ）のつくり方

●材料（5〜6人分）

紅茶葉*
　…ティースプーン山盛り4杯
　（約15g）
水…1と1/2カップ

A｜カルダモン…6粒
　｜クローブ…6粒
　｜シナモンスティック…2本

牛乳…1と1/2カップ
三温糖（または砂糖）
　…大さじ2（30g）

＊短時間で濃く抽出できるアッサム（CTC製法）の茶葉を使用。

●つくり方

1 深さのある鍋に紅茶葉、水、A（ホールスパイス）を入れて、中火にかける。

2 スパイスの香りが広がってきたら、牛乳、三温糖を加えて煮る。

3 鍋のフチぎりぎりまで沸騰させて瞬時に火を止め、泡が沈んだら再度火をつけて沸騰させる。これを3回繰り返す。

4 茶こしでこしながら、カップに注ぎ分ける。全量をティーポットに入れてから、高い位置から泡立てるようにして注ぐと、さらにおいしく味わえる。

さんまのカレー

■■■ 玉ねぎ炒め Level 3

旬のさんまをスパイシーに仕上げたうま味たっぷりの秋カレー。カシューナッツのコクとスパイスのほのかな風味が特徴。さんまはマリネしてから魚焼きグリルでこんがり焼いてもOK。

●材料（4人分）

さんま…3尾
カシューナッツ…1/2カップ（60g）
A │ 塩・レモン汁…各少々
  │ ターメリック…少々
マスタードオイル*（またはサラダ油）…大さじ3
B │ 青唐辛子（縦に切り目を入れる）…1本
  │ 玉ねぎ（みじん切り）…1個
  │ にんにく（すりおろし）…小さじ1
  │ しょうが（すりおろし）…小さじ1
トマト（ざく切り）…1個
プレーンヨーグルト…大さじ2
塩…少々
水…1と1/2カップ
ココナッツミルク…1/2カップ
C │ しょうが（千切り）…適量
  │ パクチー（ざく切り）…適量

ホールスパイス
マスタードシード…小さじ1/2

パウダースパイス
コリアンダー…小さじ2
ターメリック…小さじ1/4
レッドペッパー…小さじ1/2

＊マスタードの種子から抽出した油。それほど辛いわけではなく、独特のぴりっとした感じの風味があるインドでは一般的なオイル。ネットなどで購入可能。

●つくり方

1　さんまは3等分に切って腹わたを取り、水洗いして水気を拭き、Aをまぶしてしばらくおく（a）。カシューナッツは水に30分つけてから、ミキサーでペースト状にしておく。

2　鍋にマスタードオイルを熱し、水気を拭いたさんまを入れて素揚げし（b）、いったん取り出す。

3　❷の鍋のオイルを熱し、マスタードシードを入れてふたをし、パチパチする音がしなくなったらBを加え、玉ねぎが飴色になるまで炒める。

4　トマトを加え、水分が飛ぶまで炒める。

5　パウダースパイス、塩を加えて全体をなじませ、❶のカシューナッツペースト、ヨーグルトを加えて軽く炒める。

6　水を少しずつ加えてのばして、ココナッツミルクを加えて煮立たせ、❷のさんまを加えて（c）ひと煮立ちさせる。器に盛り、好みでCを添える。

(a) マリネして出た水分は拭き取る。

(b) 全体にこんがりと焼き色がつくまで揚げる。

(c) さんまはソースが煮立っているところに入れる。

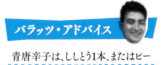

バラッツ・アドバイス

青唐辛子は、ししとう1本、またはピーマン1/2個でも代用OK。

スパイス鍋

スパイスの心地よい芳香あふれる和風鍋です。辛味はつけてないので、ホットな味つけにしたいならレッドペッパーを少々加えても。具はお好みの野菜や肉などを煮ていただきましょう。

● 材料（4人分）

具
- 豚薄切り肉…500〜600g
- 白菜（ざく切り）…適量
- 水菜…（ざく切り）…適量
- 大根（ひと口大）…適量
- 油揚げ…1〜2枚
- 豆腐…1丁
- キノコ（好みのもの）…適量

サラダ油…大さじ2

A
- 酒…大さじ2
- しょうゆ…大さじ2
- 酢…大さじ5
- みりん…大さじ4

B
- しょうがパウダー（あれば）…小さじ1
- いわし昆布パウダー（あれば）＊…小さじ2

だし汁（または水）…6カップ
しょうが（皮をむいて薄切り）…2パック

ホールスパイス
フェヌグリーク…小さじ½
フェンネル…小さじ½

パウダースパイス
ターメリック…小さじ1

＊うるめいわしの煮干しと昆布をミキサーで粉末にしたもの。市販のものを使っても。

● つくり方

1 好みの具を用意する(a)。
2 鍋にサラダ油を熱してホールスパイスを入れ、パチパチと音がしてきたらAを加えてなじませ、ターメリック、Bを加える(b)。
3 全体を混ぜてだし汁を加え(c)、しょうがを加えて(d)しばらく煮る。
4 最初に豚肉、大根を入れ、少し煮てから好みの具を加えてふたをする。
5 湯気がふいてきたら、でき上がり。汁ごとよそっていただきます。

(a) 具の一例。

バラッツ・アドバイス

だし汁を取るのが面倒なら、水だけで煮ても十分おいしくつくれます。Bはなければ入れなくてOK。大根おろしや青ねぎの小口切り、赤唐辛子など、好みの薬味で召し上がってください。

(b) 調味料を入れたら全体を混ぜ合わせる。

(c) だし汁は少しずつ加えながら加熱する。

(d) しょうがを入れたらしばらく煮て汁に風味をつける。

ねぎとしょうが、ひよこ豆のカレー

ひよこ豆のホクホクした甘味、長ねぎとしょうがで体がポカポカあたたまるカレーです。豆を下ゆでするときに塩やスパイスを入れるのは、豆にしっかり味をつけたいから。水加減に注意して煮込みましょう。

●材料（4人分）

ひよこ豆…300g
サラダ油…1/2カップ
塩…大さじ1
ターメリック…少々
長ねぎ（みじん切り）…2本
A ┃ 青唐辛子（またはししとう・輪切り）…1本
　 ┃ にんにく（みじん切り）…大さじ1
　 ┃ しょうが（みじん切り）…大さじ1
トマト（ざく切り）…大1個
水…800ml
パクチー（ざく切り）…適量
B ┃ しょうが（千切り）…1かけ
　 ┃ 長ねぎ（薄切り）…適量

ホールスパイス
赤唐辛子…3〜4本
クミンシード…大さじ1

パウダースパイス
クミンパウダー…大さじ2
コリアンダー…大さじ2
ターメリック…小さじ1
レッドペッパー…小さじ1/2
ガラムマサラ（あれば）…小さじ1/2

●つくり方

1 ひよこ豆は水洗いしてボールに入れ、たっぷりの水に3時間以上つけておく(a)。

2 鍋に❶の豆、サラダ油、塩、ターメリックを入れ、たっぷりの水を加えて40分ほどゆでて、ザルに上げる。

3 別の鍋にサラダ油大さじ1（分量外）を熱して、赤唐辛子、クミンシードを炒め、香りが立ってきたら長ねぎを加え、ねっとりするまで炒める。

4 Aを加えて炒め、香りが立ってきたらトマトを加え、水分が飛ぶまで炒める。ターメリック、レッドペッパーを加え、かき混ぜながらさらに炒める。

5 残りのパウダースパイス、塩少々（分量外）、水を加えて混ぜ合わせ、ふたをして10分ほど煮る。

6 ❷のひよこ豆を加え(b)、ふたをしてしばらく煮る。スープがとろりとしてきたらパクチーを加えて混ぜ、味をみて塩でととのえる。器に盛り、好みでBをのせる。

バラッツ・アドバイス

ひよこ豆を戻す時間がない場合は、水煮やドライパックの缶詰でもおいしくつくれます。ただしその場合は、味をみて加える塩の量を加減してください。

(a) 3時間以上（できれば一晩）水につけておく。

(b) サラダ油が表面に浮いてくるまで煮る。

根菜の冬カレー

冬野菜を煮込んで、カシューナッツのコクとコリアンダーの爽やかさをプラスした食感もおいしいカレー。好みで、かぶや春菊、ブロッコリーなどの冬野菜を加えて、彩り豊かに仕上げてもいいでしょう。

● 材料（4人分）

ごぼう（乱切り）…1本
れんこん（乱切り）…1パック
大根（乱切り）…1/2本
にんじん（乱切り）…1本
長ねぎ（薄切り）…2本
にんにく（すりおろし）…小さじ1
しょうが（すりおろし）…小さじ1
トマト（ざく切り）…1個
塩…小さじ1と1/2
カシューナッツペースト*…1カップ
プレーンヨーグルト…大さじ2
水…2カップ
サラダ油…大さじ3
しょうが（千切り）…1かけ（10g）

パウダースパイス
コリアンダー…小さじ2
ターメリック…小さじ1/4
レッドペッパー…小さじ1/4

＊カシューナッツ（塩味つきでも可）50gを2～3分ゆでてザルに上げて水気をきり、牛乳1カップとともにミキサーで撹拌する。

● つくり方

1 鍋にサラダ油を熱して長ねぎを加え、ねっとりするまで炒める(a)。

2 にんにく、しょうがを加えてさらに炒め、香りが立ってきたらトマトを加え、水分が飛ぶまで炒める。

3 パウダースパイス、塩を加えて全体をなじませ、カシューナッツペースト、ヨーグルトを加えて炒める。

4 大根、れんこん、ごぼう、にんじんを加えて(b)炒め、水を注いで約30分煮込む。根菜に火が通ったらしょうがを加え、ひと煮立ちさせて塩（分量外）で味をととのえる。

(a) 木べらで混ぜながら、ねっとりするまで炒める。

(b) ソースの味がなじんでから根菜を投入する。

さつまいものカレー

■ 玉ねぎ炒め Level 1

さつまいもの自然な甘味を生かしたほんのりシナモン風味のやさしい味わいのカレー。具は2種類の大きさに切って煮込むことにより、ほろっとくずれる微妙な食感の違いも楽しめます。

●材料（4人分）

さつまいも…大1本
サラダ油…大さじ2
玉ねぎ（みじん切り）…1/2個
湯…1カップ
塩…小さじ1強
牛乳…1カップ
生クリーム…大さじ1

ホールスパイス
シナモンスティック…2本

パウダースパイス
コリアンダー…小さじ2
レッドペッパー…小さじ1/2

●つくり方

1 さつまいもは皮をむいて半分に切り、半分は粗みじん切り、半分は小さめのひと口大に切る。

2 鍋にサラダ油を熱して、シナモンスティックを半分に折って入れる。シナモンが広がってきたら玉ねぎを加え、ほんのり色づくまで炒める。

3 ❶の粗みじん切りを加えて炒め、湯を少しずつ加えながら煮て、とろとろになるまで煮込む（ミキサーで撹拌してもOK）。

4 パウダースパイス、塩を加え、混ぜ合わせる。

5 残りのさつまいもを加え、途中焦げないようにかき混ぜながら、弱火で20分ほど煮込む。仕上げに牛乳を加え、ひと煮立ちさせて生クリームを加え、混ぜ合わせる。

バラッツ・アドバイス

湯と牛乳の分量により、とろみ加減は調整できます。とろみをもっとつけたいなら、湯を減らして牛乳を増やしても。もう少し辛味がほしいなら、レッドペッパーの量を増やしましょう。

スパイシーホットワインのつくり方

●材料（3〜4人分）

赤ワイン*…500mℓ
リンゴ**…1/4個
オレンジ**…1/2個
レモン汁…大さじ1
はちみつ…大さじ1
砂糖…小さじ1
カルダモン…5粒
クローブ…3粒
シナモンスティック…1本

●つくり方

1 リンゴは種を除いて薄切り、オレンジは皮をむいて薄切りにする。

2 鍋にすべての材料を入れ、弱火で沸騰しないようにあたためる。

3 全体に味がしみ込んでスパイスの香りが広がったら、グラスに注ぐ。

*ワインは安価なものでOK。
**リンゴ、オレンジはどちらか1種類でもOK。

パン&ライス

ナン

カレーとセットで日本でも人気のパン。
とろりとしたスパイシーなカレーと一緒にぜひ。

●材料（4枚分）

強力粉…300g
ドライイースト…3g
牛乳…1/2カップ
プレーンヨーグルト…50g

溶き卵…1個分
砂糖…大さじ1
塩…小さじ1
バター（仕上げ用）…適量

バラッツ・アドバイス

本来はタンドール（窯）で焼き上げるパンですが、ここではフライパンでの簡単な焼き方を紹介しています。

1 ボウルにすべての材料を入れ、手でこねて混ぜる。

2 手のひらで押しながら、ダマにならないように混ぜてひとまとまりにする。

3 丸く形をととのえて耐熱容器に入れ、ラップをかけて電子レンジで1分加熱し、そのまま30分ほどおく。

4 生地がふくらんできたら4等分して丸め、平らな皿に並べて再びラップをかける。

5 生地がふくらんでくるまで、20分ほどおく。

6 生地の1つを取り出し、まな板に押しつけるようにして薄くする。

7 両手で引きのばして、厚さ1cmくらいのナンの形にととのえる。

8 フライパンを熱してのばした生地をおき、ふたをして焼き色がつくまで4〜5分焼く。

9 裏返してふたをし、もう片面にも焼き色がつくまで4分ほど焼く。

10 好みでバターをぬってでき上がり。同様に残りの3枚も焼く。

パン&ライス

チャパティ

どんなカレーにも合うシンプルな味わいの全粒粉パン。
最後に直火でふくらませるのがポイント。

●材料（20枚）

アター*（全粒粉）…450g（内、打ち粉50g）
サラダ油…少々
塩…少々
水…1と1/4カップ

＊普通の全粒粉よりも粒子の細かいインドの全粒粉。普通の全粒粉で代用OK。

バラッツ・アドバイス

簡単そうに見えても、薄く丸くのばすのは慣れないうちはかなりむずかしいもの。インドではナンよりもチャパティのほうが一般的です。

1 ボウルにすべての材料を入れ、手でこねて混ぜる。

2 手のひらで押しながら、ダマにならないように混ぜる。

3 耳たぶくらいのやわらかさになるまでこねる。

7 打ち粉をつけて、麺棒で平らにならしていく。

4 ひとまとまりになったら丸める。

8 さらに厚さ2〜3mmまで平たくのばしていく。

5 30〜40gずつにちぎって丸める。これを20個つくる。

9 フライパンを熱し、打ち粉をはらった❽を入れて両面を軽く色づくくらいに焼く。

6 1つを取り出し、手のひらでぎゅっとつぶして平らにする。

10 両面を焼いたら菜箸で持ち、強火の直火にかざしてぷくっとふくらませる。

パン&ライス

チーズクルチャ

ナンの生地で簡単につくれるとろ〜りとろけるチーズ入りパン。

● 材料（4枚分）

ナンの材料（P.74）…すべて同量
シュレッドチーズ…120g
バター（仕上げ用）…適量

● つくり方

1. 74ページのナンのつくり方❶〜❼と同様にして生地をつくり、のばす。
2. 生地を丸くのばして、中央にチーズを1/4量のせ(a)、包みながら丸く形づくる(b)。
3. フライパンを熱して❷を入れ、焼き色がつくまでふたをして3分ほど焼き、裏返してふたをして両面をこんがり焼く。
4. 好みで片面にバターをぬる。同様にして、残りの3枚もつくる。

バラッツ・アドバイス

そのままパンとして食べてもおいしいですが、カレーと合わせるとさらにリッチな味わいが楽しめます。

(a) シュレッドチーズを30gのせて生地で包む。

(b) チーズを包むように丸くまとめる。

プーリー

チャパティの生地でつくるサクッと香ばしいスナック感覚の揚げパン。

●材料（20枚）

チャパティの材料（P.76）…すべて同量
サラダ油…少々
揚げ油…適量

●つくり方

1. 76ページのチャパティのつくり方❶～❽と同様にして生地をつくり、サラダ油をぬって丸く平らにのばす (a)。
2. 揚げ油を160度に熱し、❶の生地を1枚ずつ入れる。
3. ふくらんだら (b) 引き上げ、キッチンペーパーなどに上げて油をきる。

バラッツ・アドバイス

チャパティをつくったら、半分は普通に焼き、半分は油で揚げてプーリーとして楽しみましょう。どちらも、ぷくっとふくらんだ瞬間ができ上がりです。

(a) 麺棒で厚さ2～3mmまで薄く丸くのばす。

(b) ぷくっとふくらんだら引き上げる。

ターメリックライス

ターメリックで炊いた黄色いご飯なら、スパイスカレーをさらに引き立ててくれます。

●材料（4人分）

米（インディカ米など）
　…2合
サラダ油…大さじ1
塩…小さじ1
水…1.5ℓ

パウダースパイス
ターメリック
　…小さじ½

●つくり方

1　米は鍋に入れてさっと水洗いし、ザルに上げる。
2　鍋に❶の米、そのほかの材料を入れて強火にかける。
3　煮立ったら弱火にしてふたをし、10分ほど煮る。ときどきふたを開けてかき混ぜる。
4　米がやわらかくなったら、湯をすべてこぼすか、ザルに上げる。
5　米をスパイスごと鍋に戻して全体をさっくり混ぜ、ふたを開けて5分ほど蒸らす。

バラッツ・アドバイス

米は日本の米でもいいですが、できれば、さらっとして粘りの少ないインディカ米でつくりましょう。中でもインド産の「バスマティ米」は香り高くておすすめです。ネットで購入可。

サフランライス

サフランの香りと鮮やかな色が楽しめるライス。カレーは何でも合いますが、とくに魚介系がおすすめです。

●材料（4人分）

米（インディカ米など）
　…2合
バター…10g
塩…小さじ1
水…1.4ℓ
牛乳…½カップ

ホールスパイス
カルダモン…3粒
サフラン…ひとつまみ
シナモンスティック
　…1本

●つくり方

1　サフランは、ぬるめにあたためた牛乳につけて色を出しておく。
2　米は鍋に入れてさっと水洗いし、ザルに上げる。
3　鍋に❶、❷の米、そのほかの材料を入れて強火にかける。
4　煮立ったら弱火にしてふたをし、10分ほど煮る。ときどきふたを開けてかき混ぜる。
5　米がやわらかくなったら、湯をすべてこぼすか、ザルに上げる。
6　米をスパイスごと鍋に戻して全体をさっくり混ぜ、ふたを開けて5分ほど蒸らす。

キチャリ（豆と米）

インドを代表する豆と米を炊き込んだターメリックの色鮮やかな米料理。豆はレンズ豆でもOK！

● 材料（4人分）

- ムングダール…1カップ
- 米（インディカ米など）…1カップ
- サラダ油…大さじ2
- 玉ねぎ…1/2個（みじん切り）
- にんにく（すりおろし）…小さじ1
- しょうが（すりおろし）…小さじ1
- 塩…小さじ1
- 水…4カップ
- バター（あれば）…適量

ホールスパイス
- クミンシード…小さじ1/2

パウダースパイス
- ターメリック…小さじ1/4

● つくり方

1. ムングダールと米は、洗って水に15〜30分つけてザルに上げる。
2. 鍋にサラダ油を熱してクミンシードを入れ、細かい泡が出てきたら玉ねぎを加えて炒める。玉ねぎが透き通ってきたらにんにく、しょうがを加えて炒める。
3. ❶を加え、軽く炒めてからターメリック、塩を加える。
4. 水を加えてふたをし、強火で20分煮込んでからふたを開け、弱火にしてやわらかくなるまで煮込む。器に盛り、好みでバターをのせる。

ジーラライス

ジーラとはクミンのこと。爽快なクミン風味の炊き込みご飯は、肉系のカレーと相性抜群です。

● 材料（4人分）

- 米（インディカ米など）…2合
- サラダ油…大さじ1
- 塩…小さじ1
- 水…1.5ℓ

ホールスパイス
- クミンシード…小さじ1

● つくり方

1. 米は鍋に入れてさっと水洗いし、ザルに上げる。
2. 鍋に❶の米、そのほかの材料を入れて強火にかける。
3. 煮立ったら弱火にしてふたをし、10分ほど煮る。ときどきふたを開けてかき混ぜる。
4. 米がやわらかくなったら、湯をすべてこぼすか、ザルに上げる。
5. 米をスパイスごと鍋に戻して全体をさっくり混ぜ、ふたを開けて5分ほど蒸らす。

パン&ライス

トマトライス

スパイスをたっぷり使ってトマトを炊き込んだ贅沢な米料理。そのまま食べても◎。

●材料（4人分）

米（インディカ米など）…2合
サラダ油…大さじ2
A ┃ 玉ねぎ（みじん切り）…1個
　 ┃ にんにく（すりおろし）…小さじ1
　 ┃ しょうが（すりおろし）…小さじ1
トマト（さいの目切り）…大1個
塩…小さじ1
水…2カップ
パクチー（ざく切り）…適量

ホールスパイス
カルダモン…3粒
シナモンスティック…1/3本
フェヌグリーク…小さじ1/4
マスタードシード…小さじ1/4

パウダースパイス
コリアンダー…小さじ1
ターメリック…小さじ1/4
レッドペッパー…小さじ1/4
ブラックペッパー…小さじ1/4

●つくり方

1. 米は洗って水に30分ほどつけて、ザルに上げる。

2. 鍋にサラダ油を熱し、マスタードシード、フェヌグリークを入れてふたをし、パチパチする音がしなくなったら残りのホールスパイスを加える。

3. 香りが立ってきたらAを加えて炒め、トマト、パウダースパイス、塩を加えて炒める。

4. トマトがペースト状になり、油がしみ出てきたら、米を加えてよく混ぜ合わせ、水を加えて15分ほど炊く。器に盛り、ざく切りにしたトマト（分量外）をのせ、パクチーを散らす。

レモンライス

油を熱してスパイスの香りを立たせたところに炊いたご飯を炒め合わせるだけ。

●材料（4人分）

ご飯（インディカ米など・炊いたもの）
　…2合分
サラダ油…大さじ1
しょうが（千切り）…1かけ
カシューナッツ…20g
レモン汁…1/2個分
塩…適量

ホールスパイス
カルダモン…2粒

パウダースパイス
ターメリック…小さじ1/4

●つくり方

1. フライパンにサラダ油を熱して、カルダモンを炒める。カルダモンがぷくっとしたら、しょうが、ターメリック、カシューナッツを入れて炒める。

2. ご飯を加え、ターメリックの色が全体にまわるように炒め合わせる。

3. 仕上げに、レモン汁、塩を加えて混ぜ合わせる。

チキン・ビリヤーニをつくろう！

2種類の鶏肉をスパイシーなマリネ液と一緒に炊くインド風炊き込みご飯。

● 材料（つくりやすい分量）

鶏もも肉（ひと口大に切る）…500g
鶏手羽先（骨に沿って切り込みを入れる）…4本
米（インディカ米など）…2合

A
- プレーンヨーグルト…1カップ
- にんにく（すりおろし）…大さじ1
- しょうが（すりおろし）…大さじ1
- レモン汁…大さじ1
- ミント（ざく切り）…1カップ（20g）
- パクチー（ざく切り）…1カップ（20g）
- 塩…小さじ1

玉ねぎ（薄切り）…1/2個
水…1.5ℓ
バター…10g

ホールスパイス
クミンシード…小さじ1
カルダモン…3粒
サフラン…ひとつまみ
シナモンスティック…1本
ブラックペッパー…5粒
ベイリーフ（またはローリエ）…1枚

パウダースパイス
コリアンダー…小さじ2
ターメリック…小さじ1/2
レッドペッパー…小さじ1/2
パプリカパウダー…小さじ1

ホールスパイス、パウダースパイス、マリネ液の一部。

鶏肉（もも、手羽先）、米、牛乳につけたサフラン、玉ねぎ、ヨーグルト。

下ごしらえ

1. ボウルにA、パウダースパイスを入れ、混ぜ合わせてマリネ液をつくり、すべての鶏肉を加えて手でよくもみ込む。

2. 全体をよく混ぜたらラップをして、冷蔵庫に3時間以上(できれば一晩)おく。

3. 米はさっと水洗いして水気をきり、ボウルに入れてたっぷりの水(分量外)に1時間ほどつけてザルに上げる。

4. フライパンに揚げ油適量(分量外)を熱し、玉ねぎを素揚げしておく。

5. サフランは、ぬるめにあたためた牛乳大さじ1(分量外)につけておく。

6. 鍋に水、塩少々(分量外)、サフラン以外のホールスパイスを入れる。

7. バター、❺のサフランを牛乳ごと、❸の米を加え、強火で5分ほどゆでる。さらにふたをして、ときどきかき混ぜながら7～8分ゆでる。米が少し硬いくらいで湯を捨てるか、米をザルに上げる(スパイスなどはそのまま残す)。

8. 土鍋に❷の鶏肉を2/3ほどマリネ液ごと入れる。

チキン・ビリヤーニをつくろう！

9 その上に❼の米を7割ほどのせて平らにならす。

10 残りの鶏肉をなるべく均一にのせる。

11 さらに残りの米をのせて平らにならす。

12 残ったマリネ液を回しかける（サフラン、ミント、パクチーなども一緒に）。

13 ❹の玉ねぎものせて、密閉するようにふたをする。

14 土鍋の穴にアルミ箔で栓をつくって差し込む。強火で4～5分加熱し、弱火にして30分ほど炊いて火を止め、10分蒸らす。

15 ふたを開け、下から軽くさっくり混ぜる。

バラッツ・アドバイス

米に白い部分と黄色い部分がはっきり分かれて出るのがいい炊き上がり。炊飯器で炊く場合は、❽から同様にして普通に炊き上げましょう。そのままでもいいですが、カレーと一緒に食べると格別のおいしさです。

CHAPTER 2

本場の味が楽しめる 本格スパイスカレー

大人気の北インドカレー・バターチキンから、東インドのスパイスミックスでつくるマスタードフィッシュカレー、西インドの名物カレー・ポークヴィンダルー、南インドの定番カレー・ラッサム＆サンバルなどなど、スパイシーなインドカレーをバリエーション豊かに紹介します。まさかのタイ風グリーンカレーもありますよ。

バターチキンをつくろう！

バターと生クリームをたっぷり使った濃厚な味わいが大人気のバターチキンのつくり方を紹介します。コクのあるクリーミーな口当たりに酸味と辛味のバランスが絶妙なおいしさ。マリネ液とソースを別につくるのがポイントです。鶏肉は長くつけ込むほど味わい深い仕上がりに。香りづけのカスリメティは、加えると香ばしくなってより本格的な味になりますが、なければ入れなくてもOK。ぜひ、ナン（P.74）やチャパティ（P.76）と一緒に召し上がってみてください。

必要なスパイス

ホールスパイス

- カルダモン 3粒
- シナモンスティック 1/2本 
- カスリメティ（あれば） 2g 

パウダースパイス

- コリアンダー 小さじ2
- ターメリック 小さじ1 
- レッドペッパー 小さじ1 
- ガラムマサラ 小さじ1

バターチキンをつくろう！

● 材料（4人分）

鶏もも肉（ひと口大に切る）…500g

A（マリネ液）
- レモン汁…大さじ1
- プレーンヨーグルト…100g
- にんにく（すりおろし）…大さじ1
- しょうが（すりおろし）…大さじ1
- 塩…小さじ1

B（ソース）
- バター…100g
- トマト（ざく切り）…3個
- レッドペッパー…小さじ1
- パプリカパウダー…小さじ1

サラダ油…大さじ1
生クリーム…1/2カップ

ホールスパイス
- カルダモン…3粒
- シナモンスティック…1/2本
- カスリメティ（あれば）…2g

パウダースパイス
- コリアンダー…小さじ2
- ターメリック…小さじ1
- レッドペッパー…小さじ1
- ガラムマサラ（あれば）…小さじ1

マリネ液の材料と鶏肉。

ソースの材料とホールスパイス。

仕上げ用の材料。

1 鶏肉をマリネする

ボウルにA、パウダースパイスを混ぜ合わせて鶏肉をつけ込み、ラップをして冷蔵庫に3時間以上（できれば一晩）おく。

2 ソースをつくる

フライパンを中火で熱してバターを溶かし、ホールスパイスのカルダモン、シナモンスティックを入れて加熱する。

3 トマトを加える

カルダモンがぷくっとしてシナモンスティックが開いてきたら、トマトを加える。

4 しばらく煮込む

全体を混ぜて弱火にし、とろっとするまで15分ほど煮込む。

5 パウダースパイス2種を加える

Bのレッドペッパー、パプリカパウダーを混ぜ合わせて、ソースの完成。

6 鶏肉をマリネ液ごと加える

鍋にサラダ油を熱して、❶をマリネ液ごと入れて15分ほど煮込む。

7 ソースを加える

鶏肉に火が通ったら❺のソースを加え、ひと煮立ちさせる。

8 生クリームを加える

生クリームを加えて全体に混ぜ、2〜3分煮る。

9 カスリメティを加える

好みで、香りづけにカスメリティを手でもんでから加える。

10 完成

味をみて塩（分量外）でととのえ、全体をざっと混ぜてでき上がり。

はちみつレモンカレー

■■■ 玉ねぎ炒め Level 3

レモン風味のほんのり甘酸っぱいはちみつ入りチキンカレー。レモンは（国産の）無農薬のものを使いましょう。皮をそのまま使えないものなら、仕上げにレモン汁をしぼって入れるだけでもOK。

● 材料（4人分）

鶏もも肉（ひと口大に切る）…500g
玉ねぎ（みじん切り）…1個
にんにく（すりおろし）…大さじ1
しょうが（すりおろし）…大さじ1
トマト（ざく切り）…1個
湯…2カップ
レモン（無農薬・輪切り）…1個
はちみつ…大さじ1
塩…小さじ1と1/2
サラダ油…大さじ3

ホールスパイス
シナモンスティック…1/2本
カルダモン…3粒

パウダースパイス
ターメリック…小さじ1/4
コリアンダー…小さじ2
レッドペッパー…小さじ1/2

● つくり方

1. 鍋にサラダ油を熱し、ホールスパイスを炒める。カルダモンがぷくっとしてシナモンスティックが開いたら玉ねぎを加え、飴色になるまで炒める。

2. にんにく、しょうがを加え、香りが立ってきたらトマトを加え、水分が飛ぶまでよく炒める。

3. パウダースパイス、塩を加えて炒め、鶏肉を加えて炒める。

4. 肉の表面が白っぽくなったら、湯を少しずつ加えてのばし、ふたをして20分ほど煮込む (a)。

5. レモン、はちみつを加えて2〜3分煮て、味をみて塩（分量外）でととのえる。

バラッツ・アドバイス

レモンは煮過ぎると渋味が出るので注意しましょう。器に盛ったら、好みでパクチーをのせても。

(a) 肉にしっかり火が通るようにふたをして煮込む。

シナモン薫るローズマリーチキンカレー

■■ 玉ねぎ炒め Level 2

シナモンの甘やかな香りとカルダモンの爽快感、ローズマリーの刺激的なハーブ香をまとったスパイシーなカレー。ローズマリーはさっと混ぜ合わせる程度にして煮過ぎないよう注意しましょう。

●材料（4人分）

鶏もも肉（ひと口大に切る）…500g
ローズマリー…4本
オリーブ油…大さじ3
にんにく（みじん切り）…1かけ
しょうが（みじん切り）…2かけ
玉ねぎ（粗みじん切り）…1個
トマト（ざく切り）…1個
にんじん（乱切り）…1本
塩…小さじ1
湯…2カップ

ホールスパイス
シナモンスティック…1本
カルダモン…3粒

パウダースパイス
コリアンダー…大さじ1
ターメリック…小さじ1/2
レッドペッパー…小さじ1/2
ガラムマサラ…小さじ1/2

●つくり方

1 フライパンにオリーブ油を熱し、ホールスパイスを炒める。カルダモンがぷくっとしてシナモンスティックが開いたら (a) にんにく、しょうがを加え、炒める。

2 香りが立ってきたら玉ねぎを加え、強めの中火にしてこんがり色づくまで炒める。

3 トマトを加え、水分が飛ぶまでよく炒める。

4 弱火にして、コリアンダー、ターメリック、レッドペッパー、塩を加え、混ぜ合わせる。

5 鶏肉を加え、表面が白っぽくなったらにんじんを加え、炒め合わせる。

6 湯を注いで混ぜ合わせ、ガラムマサラを加えて弱めの中火にし、ふたをして30分ほど煮込む。仕上げにローズマリーを加え、混ぜ合わせる。

バラッツ・アドバイス
舞茸、しめじ、椎茸などのキノコを加えてもおいしいです。

(a) カルダモンがふくらみ、シナモンスティックが開くまで炒める。

マスタードフィッシュカレー

■■■■ 玉ねぎ炒め Level 3

東インド独特の魚に合う5種類のスパイスを使った風味豊かなカレー。
心地よい辛味にマスタードの酸味がぴりっときいた爽やかで刺激的な
味わい。よくある魚のカレーとは、ひと味もふた味も違います。

●材料（4人分）

ぶりの切り身…4切れ
A ┃ レモン汁…少々
　 ┃ ターメリック…少々
　 ┃ 塩…少々
トマト…1個
玉ねぎ…1個
マスタードオイル（またはサラダ油・P.64）
　…大さじ2
青唐辛子（縦に切り目を入れる）…1本
塩…小さじ1
プレーンヨーグルト…大さじ2
三温糖（または砂糖）…小さじ2
湯…2カップ
レモン汁…大さじ1

ホールスパイス
コリアンダーシード…小さじ1/4
フェヌグリーク…小さじ1/4
フェンネル…小さじ1/4
ブラッククミン*…小さじ1/4
マスタードシード…小さじ1/4

パウダースパイス
コリアンダー…小さじ1
ターメリック…小さじ1/2
レッドペッパー…小さじ1/2
マスタードパウダー…大さじ1

*ぴりっとした辛味と苦味がある
スパイス。カロンジ、ブラックシー
ドとも呼ばれ、ネット等で購入可
能。なければ入れなくてもOK。

●つくり方

1 ぶりは食べやすい大きさに切り、バットなどに並べてAをまぶし、ラップをして冷蔵庫においてマリネする(a)。マスタードパウダーは、湯1/2カップ（分量外）で溶いておく。トマトと玉ねぎはミキサーにかけて、ペースト状にしておく。

2 鍋にマスタードオイルを熱してホールスパイスを炒め、パチパチと音がしてきたら青唐辛子を加えて炒める。

3 ❶のペーストを加え(b)、水分を飛ばすように炒める。

4 ❶の湯で溶いたマスタードパウダーを加え(c)、パウダースパイス、塩を加えて炒める。香りが立ってきたらヨーグルト、三温糖を加え、湯を少しずつ加えながらのばす。

5 ソースが煮立ったらぶりを加え、5分ほど煮込んで仕上げにレモン汁を加える。

(a) Aをまぶして、冷蔵庫に30分ほどおいてマリネする。

(b) ペーストを加えたら木べらなどで混ぜながら炒める。

(c) これくらいまで水分が飛んだらマスタードパウダーを加える。

バラッツ・アドバイス

「パンチフォロン」という東インド独特の魚に合う5種類のホールスパイスの組み合わせです。しっかり加熱することでより香ばしい風味に。マスタードパウダーがない場合は、マスタードシードを水につけてからミキサーにかけたものでも代用可。魚はメカジキ、生だら、生さばなどでも。

豆のカレー（ダールタルカ）

■ 玉ねぎ炒め Level 1

つぶつぶ食感も楽しいムングダールの素朴でマイルドな味わいのカレーです。マスタードシードを使わない場合は、クミンシードと赤唐辛子を加熱するだけでもOK。焦がさないように注意しましょう。

●材料（4人分）

ムングダール（P.55）…200g
水…1ℓ
トマト（ざく切り）…1/2個
塩…適量
サラダ油…大さじ3
A｜玉ねぎ（粗みじん切り）…1/2個
　｜にんにく（すりおろし）…小さじ1
　｜しょうが（すりおろし）…小さじ1
パクチー（ざく切り）…1カップ（20g）

ホールスパイス
クミンシード…小さじ1/2
赤唐辛子…3本
マスタードシード…小さじ1/2

パウダースパイス
クミンパウダー…小さじ1/2
コリアンダー…小さじ2
ターメリック…小さじ1/2

●つくり方

1 ムングダールはザルに入れて水洗いし、水を張ったボールに入れて30分ほどつける。

2 鍋に❶、水、ターメリックを入れ、45分ほど煮る。豆がとろとろに煮えたら (a) 残りのパウダースパイス、トマト、塩少々を加える。

3 テンパリングする。厚手の小鍋にサラダ油を熱し、マスタードシードを加えてふたをし、パチパチする音がしなくなったらクミンシード、赤唐辛子を加えて加熱する。Aを加え、強めの中火にしてさらに加熱する (b)。

4 ❸を❷に加えて (c) 全体を混ぜ、パクチーを加えて軽く煮込む。

バラッツ・アドバイス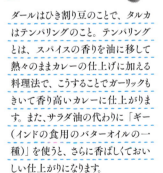

ダールはひき割り豆のことで、タルカはテンパリングのこと。テンパリングとは、スパイスの香りを油に移して熱々のままカレーの仕上げに加える料理法で、こうすることでガーリックもきいて香り高いカレーに仕上がります。また、サラダ油の代わりに「ギー（インドの食用のバターオイルの一種）」を使うと、さらに香ばしくておいしい仕上がりになります。

(a) とろとろに煮えたところ。

(b) ホールスパイス、Aを加えてほんのり色づくまで加熱する。

(c) カレーに加えて全体をなじませる。

ポークヴィンダルー

スパイスとビネガーをたっぷり使った辛くて酸っぱい濃厚な味わいのポークカレー。マリネすることで豚肉もやわらかジューシー。ポルトガル人が西インドのゴア州にもたらした料理の1つとして知られています。

● 材料（4人分）

豚肩ロースかたまり肉（ひと口大に切る）
　…500g

A
- 玉ねぎ（ざく切り）…½個
- にんにく（すりおろし）…大さじ1
- しょうが（すりおろし）…大さじ1
- 三温糖（または砂糖）…小さじ1
- 赤ワインビネガー（または酢）…大さじ5
- 白ワイン…大さじ1
- ココナッツミルク…大さじ2

サラダ油…大さじ3
水…2カップ
塩…小さじ1
青唐辛子（小口切り・あれば）…1本

ホールスパイス
赤唐辛子…8本
カルダモン…5粒
クローブ…5粒
シナモンスティック…1本
ブラックペッパー…小さじ1
マスタードシード…小さじ1

パウダースパイス
レッドペッパー…小さじ½
パプリカパウダー…大さじ1

● つくり方

1. A、ホールスパイス、パウダースパイスをミキサーに入れ、ペースト状になるまで撹拌してマリネ液をつくる。
2. ボウルに豚肉、❶を入れて全体をからませ(a)、ラップをして冷蔵庫に3時間以上（できれば一晩）おく。
3. 鍋にサラダ油を熱して、❷の豚肉をマリネ液ごと入れて炒める。
4. 豚肉の表面が白っぽくなったら水を加えて煮立て、弱火にしてふたをし、30分ほど煮込む。
5. 塩で味をととのえて器に盛り、好みで青唐辛子を散らす。

(a) マリネ液を全体にしっかりとからませる。冷凍用保存袋を使ってもOK。

バラッツ・アドバイス

ワインビネガーを多めに使っているのがポイントですが、酢は加熱するとうま味が増します。冷蔵庫でマリネする時間は、長いほど肉がやわらかくおいしく仕上がります。

ホワイトカレー

■ 玉ねぎ炒め Level 1

「パンダラ・ラッサカレー」という西インドの白いカレー。ターメリックを使わないことで淡い色合いに仕上がります。辛さは控えめ、深いコクとうま味、複雑なスパイスの香りが食欲をそそります。

●材料（4人分）

鶏もも肉（ひと口大に切る）…500g
カシューナッツ…6粒
白ごま…小さじ1
サラダ油…大さじ3
玉ねぎ（みじん切り）…大1個
しょうが（すりおろし）…大さじ1
プレーンヨーグルト…50g
塩…小さじ1強
水…1カップ
ココナッツミルク…1/2カップ
ししとう（小口切り）…5個
しょうが（千切り）…1/2かけ

　ホールスパイスA　
カルダモン…4粒
コリアンダーシード…小さじ2
シナモンスティック…1/2本

　ホールスパイスB　
赤唐辛子…2本
キャラウェイ…小さじ1/4
クミンシード…小さじ1/2
フェンネル…小さじ1/4

　パウダースパイス　
ホワイトペッパー…小さじ1/4

●つくり方

1 フライパンにホールスパイスA、カシューナッツ、白ごまを入れて弱火にかけ、軽くローストする (a)。冷ましてからミキサーにかけ、パウダー状にする。

2 鍋にサラダ油を熱してホールスパイスBを炒め、細かい泡が出てきたら玉ねぎを加えて炒める。

3 玉ねぎがほんのり色づいたらしょうがのすりおろし、鶏肉を加えて炒める (b)。

4 鶏肉の表面が白っぽくなったらヨーグルト、❶、塩を加えて炒める。

5 水を少しずつ加えてのばし、ふたをして15分ほど煮込む。鶏肉に火が通ったらココナッツミルク、ししとうを加え、ひと煮立ちさせる。仕上げにホワイトペッパー、しょうがの千切りを加える。

(a) 焦がさないようにして、香りが立ってくるまでローストする。

(b) 肉の表面に火が通るまで木べらなどで炒める。

サンバル（豆と野菜のカレー）

■■■ 玉ねぎ炒め Level 2

豆と野菜たっぷりのやさしい味わいのヘルシーなカレー。ベジタリアンが多い南インドでは毎日のように食べられるみそ汁のような存在の家庭料理です。野菜は好みで根菜やいも類などを加えても。

● 材料（4人分）

トゥールダール*…100g
水…1ℓ

A
| 梅干し…2個
| いんげん（ざく切り）…1束
| なす（ざく切り）…2本
| パプリカ（ざく切り）…1個
| ピーマン（ざく切り）…2個
| トマト（ざく切り）…1個

塩…小さじ1
三温糖（または砂糖）…大さじ1
サラダ油…大さじ3
にんにく（みじん切り）…大さじ1
玉ねぎ（みじん切り）…大さじ2

ホールスパイス
マスタードシード…小さじ1
赤唐辛子…3本

パウダースパイス
コリアンダー…小さじ2
ターメリック…小さじ1/2
レッドペッパー…小さじ1/2

＊キマメを半分に割ったもの。レンズ豆で代用OK。

バラッツ・アドバイス
本来は、梅干しではなくプルーンのような味わいのタマリンド（P.32）を使うのが一般的ですが、ここでは入手しやすい梅干しと三温糖で代用しています。

● つくり方

1 トゥールダールはザルに入れて軽く水洗いし、ボウルに入れてたっぷりの水（分量外）に30分ほどつけてザルに上げる。

2 鍋に❶、水を入れ、とろとろになるまで1時間ほど煮込む。途中、水分が足りなくなったら水を足す。

3 Aを加え、ふたをして15分ほど弱火で煮込む。

4 野菜に火が通ったらパウダースパイス、塩、三温糖を加えて混ぜ合わせる。

5 テンパリングする。厚手の小鍋にサラダ油を熱し、マスタードシードを加えてふたをし、パチパチする音がしなくなったら赤唐辛子を加えて加熱する。にんにく、玉ねぎを加え、強めの中火にしてさらに加熱する(a)。赤唐辛子、にんにくがこんがり色づき、香りが立ってきたら油ごと❹に加えて(b)、ひと煮立ちさせる。

(a) 赤唐辛子が黒く焦げるくらいまで加熱する。

(b) 油ごと加えたら全体を混ぜてなじませる。

ラッサム (酸味と辛味のさらさらカレー)

南インド料理では欠かせない酸味とスパイス感が際立つさらさらカレー。
サンバル (P.104) から変化したカレーと言われています。塩味がきいているので、ご飯にかけて食べるとやみつきになるおいしさです。

● 材料（4人分）

トゥールダール (P.105)…50g
水…1ℓ
タマリンド (P.32)…10g
ぬるま湯…1カップ
トマト（ざく切り）…1個
塩…少々
水…500㎖
サラダ油…大さじ3
にんにく（みじん切り）…1かけ
パクチー…適量

ホールスパイス
赤唐辛子…2本
フェヌグリーク…小さじ1/2
マスタードシード…小さじ1

パウダースパイス
ターメリック…小さじ1
レッドペッパー…小さじ1/2
ブラックペッパー…小さじ1/2

● つくり方

1. トゥールダールはザルに入れて軽く水洗いし、ボウルに入れてたっぷりの水（分量外）に30分ほどつけてザルに上げる。タマリンドはぬるま湯で溶いて、タマリンド水をつくる。

2. 鍋に❶のトゥールダール、水1ℓを入れ、1時間ほど煮込む。途中、水分が足りなくなったら水を足す。

3. トゥールダールがとろとろになったらトマトを加え、水分が飛ぶまで混ぜながら加熱する。

4. パウダースパイス、塩を加え (a)、水500㎖、❶のタマリンド水を加え、15分ほど煮込む。

5. テンパリングする。厚手の小鍋にサラダ油を熱し、マスタードシードを加えてふたをし、パチパチする音がしなくなったらフェヌグリーク、赤唐辛子を加えて加熱する。にんにくを加え、強めの中火にしてさらに加熱する。赤唐辛子、にんにくがこんがり色づき香りが立ってきたら油ごと❹に加えてなじませる。

6. パクチーを加えて、ひと煮立ちさせる。

バラッツ・アドバイス

トゥールダールはとろとろに煮込むほど、おいしく仕上がります。テンパリングでは、マスタードシードははねるくらいの火加減で、赤唐辛子は焦げるくらいまで色づくと、より香ばしい味わいになります。

(a) これくらいのとろとろ加減まで加熱して、再度水分を加える。

ジンジャーポークカレー

■■■□ 玉ねぎ炒め Level 3

豚肉のうま味とココナッツミルクの甘味、多めに加えたしょうが風味が引き立つカレー。ワインビネガーの入ったマリネ液につけ込むことで肉がやわらかくなり、しょうが風味でおいしく仕上がります。

● 材料（4人分）

豚肉かたまり肉（ひと口大に切る）…400g
A ┃ しょうが（すりおろし）…大さじ1（15g）
  ┃ ココナッツミルク…大さじ2
  ┃ 赤ワインビネガー…大さじ3強
サラダ油…大さじ2
にんにく（みじん切り）…1かけ
しょうが（みじん切り）…1かけ
玉ねぎ（みじん切り）…1個
トマト（ざく切り）…大1個
塩…小さじ1と1/2
水…2カップ
B ┃ しょうが（千切り・あれば）…適量
  ┃ 青唐辛子（あれば）…適量

ホールスパイス
カルダモン…6粒程度

パウダースパイス
クミンパウダー…小さじ2
コリアンダー…小さじ2
ターメリック…小さじ1/2
レッドペッパー…小さじ1/2
パプリカパウダー…大さじ1

バラッツ・アドバイス
豚肉は、もも肉でも肩ロース肉でもかたまり肉なら何でもOKです。

● つくり方

1 ボウルにAを入れて混ぜ合わせ、豚肉を入れて全体にまぶし、30分〜1時間マリネする(a)。

2 鍋にサラダ油を熱して、カルダモンを炒める(b)。カルダモンがぷくっとしたら、にんにく、しょうがを加えて炒め、香りが立ってきたら玉ねぎを加え、飴色になるまで炒める。トマトを加え、5分ほど炒める。

3 パウダースパイス、塩を加えて混ぜ、粘りが出てきたら❶の豚肉をマリネ液ごと加える。

4 豚肉の表面が白っぽくなったら水を注ぎ、弱めの中火で30分ほど煮込む。味をみて塩（分量外）でととのえる。

5 器に盛り、好みでBを散らす。

(a) 豚肉にAをまぶし、ラップをして冷蔵庫に入れてマリネする。

(b) カルダモンは香りが立ってぷくっとふくらむまで炒める。

スパイシービーフカレー

■■■■ 玉ねぎ炒め Level 3

ヨーグルトの酸味がきいたほんのり甘くてスパイシーなカレー。肉を焼きつけて香ばしさをプラスし、玉ねぎとトマトはしっかり炒めて水分を飛ばし、うま味とコクを凝縮させましょう。

● 材料（4人分）

牛かたまりもも肉（ひと口大に切る）…500g
サラダ油…大さじ3
玉ねぎ（みじん切り）…1/2個
にんにく（すりおろし）…大さじ1
塩…小さじ1
トマト（ざく切り）…大1個
プレーンヨーグルト…120g
赤ワインビネガー…小さじ1
三温糖（または砂糖）…ひとつまみ

ホールスパイス
カルダモン…3粒
クローブ…3粒

パウダースパイス
クミンパウダー…小さじ1
コリアンダー…小さじ1
ターメリック…小さじ1
レッドペッパー…小さじ1
シナモンパウダー…小さじ1/2
ブラックペッパー…小さじ1

● つくり方

1 鍋にサラダ油を熱して牛肉を入れ、全体に焼き色をつけていったん取り出す。

2 ❶の鍋にホールスパイスを加え、カルダモンがぷくっとしてきたら玉ねぎを加え、飴色になるまでよく炒める。

3 にんにくを加え、香りが立ってきたらパウダースパイス、塩を加えて混ぜ合わせ、❶の牛肉、トマトの順に加えて、水分が飛ぶまで煮る。

4 弱火にしてヨーグルトを加え(a)、ワインビネガー、三温糖を加えて混ぜ合わせ、ふたをして1時間ほど煮込む。途中、水分が足りなくなったら水を少しずつ足す。器に盛り、好みでバジルを添える。

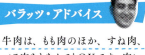

バラッツ・アドバイス

牛肉は、もも肉のほか、すね肉、バラ肉などなんでもOKです。肉にスジがある場合は、きれいに取り除いてから調理しましょう。スパイスは、すべてそろわなくても十分おいしくつくれます。

(a) ヨーグルトを加えてワインビネガー、三温糖を混ぜ合わせる。

9つの宝石のカレー

■■■ 玉ねぎ炒め Level 2

野菜やドライフルーツ、ナッツなど9種類もの具が織りなすムガール帝国の宮廷料理。濃厚なソースが決め手で、食べごたえ満点のリッチなカレーです。ナッツペーストのとろみを生かしてつくりましょう。

● 材料（4人分）

A
- カシューナッツ…10粒
- アーモンド…5粒
- ピスタチオ…10粒

B
- カシューナッツ…10粒
- アーモンド…10粒
- ピスタチオ…10粒

サラダ油…大さじ2
玉ねぎ（みじん切り）…1個
にんにく（すりおろし）…大さじ1
しょうが（すりおろし）…大さじ1
塩…小さじ1
プレーンヨーグルト…100g

C
- カリフラワー（ひと口大）…1カップ
- じゃがいも（ひと口大）…1カップ
- にんじん（ひと口大）…1カップ
- さやいんげん（長さ3cmに切る）…½カップ

湯…1と½カップ
パイナップル（ひと口大）…1カップ
レーズン…大さじ1
生クリーム…大さじ2

ホールスパイス
カルダモン…4粒
クローブ…4粒
シナモンスティック…½本

パウダースパイス
コリアンダー…小さじ2
ターメリック…小さじ¼
レッドペッパー…小さじ¼
ガラムマサラ…小さじ¼

● つくり方

1. Aは湯（分量外）に30分ほどつけてやわらかくし、ミキサーにかけてナッツペーストをつくる。Bはフライパンにサラダ油（分量外）を熱して、軽くローストしておく (a)。

2. 鍋にサラダ油を熱してホールスパイスを炒め、カルダモンがぷくっとしてきたら玉ねぎを加え、こんがり色づくまで炒める。

3. にんにく、しょうがを加え、香りが立ってきたらパウダースパイス、塩を加えて炒める。

4. ヨーグルト、❶のナッツペーストを加えて混ぜ合わせ、Cの野菜を加えて炒め合わせる。

5. 湯を注いでふたをし、15分ほど煮込む。

6. 野菜に火が通ったら❶のローストしたナッツ、パイナップル、レーズンを加え、5分ほど煮る。仕上げに生クリームを加え、塩（分量外）で味をととのえる。

用意した9種類の具。分量はだいたいの目安です。

(a) 3種のナッツは油で炒めて香ばしくローストする。

バラッツ・アドバイス

「ナヴラタナ（＝9つの宝石）・コルマ」という名のカレーです。具はつくり手によってさまざまで、定義としては5種類の野菜と4種類のドライフルーツやナッツを組み合わせたヴェジタリアン・カレーというイメージです。

タイ風グリーンカレー

化学調味料を使わないグリーンカレーペーストづくりがポイント。ココナッツ風味漂う野菜たっぷりの爽やかフレッシュなカレーです。ぜひ、バスマティ米（P.80）などのインディカ米と一緒にどうぞ。

● 材料（4人分）

鶏もも肉（ひと口大に切る）…300g

A
- 青唐辛子（またはししとう）…4本
- パクチー…1/2カップ（10g）
- 玉ねぎ…1/2個
- にんにく…1/2かけ
- しょうが…1かけ
- レモン汁…1/4個分
- オリーブ油…大さじ1
- 塩…大さじ1

玉ねぎ（くし形切り）…1個
にんじん（乱切り）…1本

B
- パプリカ（2cm角に切る）…1個
- たけのこの水煮（ひと口大）…小1本
- なす（乱切り）…1本
- ズッキーニ（乱切り）…1/2本
- キノコ（しめじや袋茸など）…1パック分

湯…1と1/2カップ
ナンプラー…小さじ1
ココナッツミルク…1カップ

● つくり方

1 Aはミキサーにかけてペースト状にして、グリーンカレーペーストをつくる(a)。

2 鍋に❶のペースト大さじ2を入れて加熱し、玉ねぎ、鶏肉、にんじんの順に加えて煮る。

3 肉の表面が白っぽくなったらBを加え、全体を混ぜて炒め合わせる。

4 湯を注ぎ、ふたをして20分ほど煮込む。

5 ナンプラー、ココナッツミルクを加え(b)、ひと煮立ちさせる。

(a) グリーンカレーペーストは日もちしないので、余ったら冷蔵庫で保存して早めに使い切る。

(b) 具に火が通ったら、仕上げにナンプラー、ココナッツミルクを加える。

タンドリーチキン

ヨーグルトとスパイスでマリネした鶏肉のオーブン焼き。肉は長めにつけ込んだほうが味がよくなじみます。

●材料（2人分）

鶏もも骨つき肉…2本
A
- プレーンヨーグルト…100g
- にんにく（すりおろし）…小さじ1
- しょうが（すりおろし）…小さじ1
- サラダ油…大さじ1
- 塩…小さじ1と1/2
- レモン汁…1/2個分
- パクチー（みじん切り）…1/2カップ（10g）
- ミント…1/2カップ（10g）

ホールスパイス
- カルダモン…3粒
- シナモンスティック…1/2本
- ブラックペッパー…小さじ1/2

パウダースパイス
- コリアンダー…小さじ2
- ターメリック…小さじ1/2
- レッドペッパー…小さじ1/2
- パプリカパウダー…小さじ1
- ガラムマサラ（あれば）…小さじ1

●つくり方

1 鶏肉は、骨に沿って切り込みを入れておく。

2 冷凍用保存袋（またはボウル）に**A**、ホールスパイス、パウダースパイスを入れてよく混ぜ合わせ、❶の鶏肉を入れて(a)、冷蔵庫に2時間以上（できれば一晩）おく。

3 オーブンシートをしいた鉄板に❷をマリネ液ごとおき、230度に予熱したオーブンで約25分焼く。

(a) 鶏肉を入れたらマリネ液をよくもみ込む。

シークカバブ

スパイスと香草のきいたひき肉の串焼き。オーブンでなくても、
魚焼きグリルやフライパンで焼いてもOK。

●材料（3本分）

豚ひき肉（粗びき）…300g
玉ねぎ（みじん切り）…1/2個
パクチー（みじん切り）…1/2カップ（10g）
ミント（みじん切り）…1/2カップ（10g）
にんにく（すりおろし）…小さじ1
しょうが（すりおろし）…小さじ1
塩…小さじ1
A │ 溶き卵…1個分
  │ パン粉…大さじ3

パウダースパイス
コリアンダー…小さじ2
レッドペッパー…小さじ1/4
ブラックペッパー…小さじ1/2

●つくり方

1. ボウルにA以外のすべての材料を入れ、手でこねて混ぜ合わせる。
2. ねばりが出るまでよく混ぜたら、Aを加え、よく混ぜ合わせる。
3. ❷は3等分してまとめ、1本ずつ金串を包むように細長くつける。
4. オーブンシートをしいた天板におき(a)、230度に予熱したオーブンで約20分焼く。

(a) 両端が細くなるようにして肉だねを金串につけ、天板におく。

いなり風サモサ

オーブントースターで簡単につくれる油揚げのサモサ。あつあつをスナック感覚でいただきましょう。

● 材料（4個分）

油揚げ…2枚
じゃがいも…2個
サラダ油…大さじ2
玉ねぎ（みじん切り）…1/2個
にんにく（すりおろし）…小さじ1
しょうが（すりおろし）…小さじ1
塩…小さじ1と1/2
レモン汁…大さじ1
パクチー（ざく切り）…1カップ（20g）

ホールスパイス
クミンシード…小さじ1/2
キャラウェイ（あれば）…小さじ1/2

パウダースパイス
コリアンダー…小さじ2
ターメリック…小さじ1/4
レッドペッパー…小さじ1/4

● つくり方

1 油揚げは半分に切り、裏返しておく。じゃがいもは皮をむき、小さめのひと口大に切って下ゆでし、ザルに上げる。

2 フライパンにサラダ油を熱してホールスパイスを加え、細かい泡が出てきたら玉ねぎを加え、飴色になるまで炒める。

3 にんにく、しょうがを加え、香りが立ってきたら❶のじゃがいも、パウダースパイス、塩を加えて炒め、レモン汁、パクチーを加えて炒め合わせる (a)。

4 ❶の油揚げに❸をつめ、三角形に形づくる。

5 オーブントースターで約15分（または200度に予熱したオーブンで5分）、こんがり焼き色がつくまで焼く。

(a) しっかりスパイスがなじむように炒める。

フィッシュフライ

レモンの酸味がきいた魚のスパイス焼き。マリネ液をたっぷりまぶしてこんがり香ばしく焼き上げましょう。

●材料（2人分）

真あじ…2尾
サラダ油…大さじ3
A
- にんにく（すりおろし）…小さじ1
- しょうが（すりおろし）…小さじ1
- レモン汁…$\frac{1}{2}$個分
- 塩…小さじ$\frac{1}{2}$
- サラダ油…大さじ2

B
- パクチー（ざく切り）…適量
- スライスレモン…適量

パウダースパイス
コリアンダー…小さじ3
ターメリック…小さじ$\frac{1}{2}$
レッドペッパー…小さじ$\frac{1}{2}$

●つくり方

1 あじは、エラと内臓を取り除き、水洗いして水気を拭き、両面に2〜3本切り目を入れる。塩少々（分量外）をふってしばらくおき、出た水分は拭き取る。

2 ボウルにA、パウダースパイスを入れ、よく混ぜ合わせる。

3 ❶のあじに❷をたっぷりぬり、冷蔵庫において1時間マリネする (a)。

4 フライパンにサラダ油を熱して❸を並べ入れ、ふたをして両面を5〜10分ずつ蒸し焼きにする。器に盛り、好みでBを添える。

(a) あじはマリネ液をたっぷりまぶして冷蔵庫におく。

えびのスパイス炒め

殻つきえびをスパイシーに焼き上げた香ばしい一品。レモン汁をたっぷりしぼりかけていただきましょう。

●材料（4人分）

えび（殻つき・ブラックタイガー、大正えびなど）
　…10尾
サラダ油…大さじ2
玉ねぎ（みじん切り）…1/2個
にんにく（すりおろし）…大さじ1
しょうが（すりおろし）…小さじ1
パクチー（ざく切り）…1カップ（20g）
塩…小さじ1
B ｜パクチー（ざく切り）…適量
　｜カットレモン…適量

ホールスパイス
マスタードシード…小さじ1/2
赤唐辛子…1本

パウダースパイス
コリアンダー…小さじ1
ターメリック…少々
レッドペッパー…小さじ1/4

●つくり方

1　えびは尾を残して殻をむき、背開きにして背わたを取る。

2　フライパンにサラダ油を熱し、ホールスパイスを加えてふたをし、パチパチする音がしなくなったら玉ねぎを加え、飴色になるまで炒める。

3　にんにく、しょうがを加えて炒め、香りが立ってきたら❶のえび、パウダースパイス、塩を加えて炒める。

4　えびに火が通ったらパクチーを加え、ざっと炒め合わせる。器に盛り、好みでBを添える。

キャベツのポリヤル

甘いキャベツを蒸し焼きにして、スパイシーなココナッツ風味に仕上げました。バゲットにのせたり、おつまみにもぜひ。

●材料（4人分）

キャベツ（ざく切り）…1/2個
ココナッツオイル（またはサラダ油）…大さじ1
ウダドダール（またはレンズ豆）…小さじ1
ココナッツファイン（P.55）…大さじ1
水…1/2カップ
塩…少々

ホールスパイス
マスタードシード…小さじ1/2
赤唐辛子…1本

パウダースパイス
ターメリック…小さじ1/2
レッドペッパー…小さじ1/2

●つくり方

1 フライパンにココナッツオイルを熱し、ホールスパイスを加えてふたをし、パチパチする音がしなくなったら弱火にして、ウダドダール、ココナッツファインを加えて炒める。

2 香りが立ってきたら水を加えてのばし、パウダースパイスを加える。

3 キャベツを加えて炒め合わせ、塩を加えてふたをし、キャベツがやわらかくなるまで蒸し焼きにする。

バラッツ・アドバイス

ポリヤルとはタミール語で炒め物のこと。キャベツのほか、にんじん、カリフラワー、ほうれん草などでもおいしくつくれます。

パコラ

インドの屋台料理の定番。ここでは3種類のパコラのつくり方を紹介します。

ポテトパコラ

●材料（3個分）

じゃがいも…小3個
サラダ油…大さじ2
青唐辛子**（縦に切り目を入れる）…2本
玉ねぎ（みじん切り）…1/2個
にんにく（すりおろし）…大さじ1
しょうが（すりおろし）…大さじ1
塩…小さじ1と1/2
レモン汁…小さじ1
水…1/2カップ

A（衣）
ベッサン粉*…50g
ベーキングパウダー…小さじ1/4
塩…少々
レッドペッパー…少々

ホールスパイス
クミンシード…小さじ1/2
マスタードシード…小さじ1/2

パウダースパイス
コリアンダー…小さじ2
ターメリック…小さじ1/2
レッドペッパー…小さじ1/2

＊ひよこ豆の粉末で、ネット等で購入可能。小麦粉で代用OK。
＊＊青唐辛子はししとうに代用可（以下同）。

ポテトパコラ
チキンパコラ
オニオンパコラ

● つくり方

1 じゃがいもは皮をむき、小さめのひと口大に切って下ゆでし、ザルに上げる。

2 フライパンにサラダ油を熱し、マスタードシードを入れてふたをし、パチパチする音がしなくなったらクミンシード、青唐辛子を加えて炒め、玉ねぎを加えて飴色になるまで炒める。にんにく、しょうがを加えて炒め、香りが立ってきたらパウダースパイス、塩を加えて炒める。

3 ❶のじゃがいも、レモン汁を加え、つぶしながら炒めて火を止める。粗熱が取れたら、3等分にして丸める (a)。

4 ボウルにAを入れてよく混ぜ、水を少しずつ加えながら混ぜて衣をつくる。

5 ❸に❹の衣をつけ、200度に熱した揚げ油でこんがり色づくまで揚げる。

(a) ゴルフボールより少し大きめに丸める。

オニオンパコラ

● 材料（4人分）

玉ねぎ（薄切り）…1個
青唐辛子**（みじん切り）…3本
パクチー（みじん切り）…少々
ベッサン粉…大さじ5
塩…小さじ½
プレーンヨーグルト…大さじ3
揚げ油…適量

パウダースパイス

コリアンダー…小さじ1
ターメリック…小さじ½
レッドペッパー…小さじ¼

● つくり方

1 ボウルに玉ねぎ以外の材料をすべて入れ、よく混ぜ合わせて衣をつくる。

2 ❶に玉ねぎを加え、さっくりと混ぜる。

3 ❷を手でひとまとめにしてすくい、190度に熱した揚げ油に入れてこんがり揚げる。

チキンパコラ

● 材料（4人分）

鶏もも肉（ひと口大に切る）…400g
青唐辛子**（みじん切り）…3本
パクチー（みじん切り）…少々
ベッサン粉…大さじ5
塩…小さじ½
プレーンヨーグルト…大さじ3
揚げ油…適量

パウダースパイス

コリアンダー…小さじ1
ターメリック…小さじ½
レッドペッパー…小さじ¼

● つくり方

1 ボウルに鶏肉以外の材料をすべて入れ、よく混ぜ合わせて衣をつくる。

2 ❶に鶏肉を入れ、衣をまぶす。

3 190度に熱した揚げ油に❷を入れ、肉に火が通りカリッとするまで揚げる。

オリジナル・ミックススパイスをつくろう！

マサラとは複合スパイスのこと。煎りたて、つくりたての自家製ミックススパイスの香りをご存知でしょうか。芳しい香気は想像を超えるボリューム感で、抜群の爽快感と香ばしさが魅力です。すりこぎで叩かれて香りが目覚め、煎ることで香ばしさが増し、さらにミキサーで粉砕されて完全に花開く。ぜひ一度、自家製ミックススパイスの世界を試してみてください。料理用のマサラ3種、ドリンク用のマサラ2種を紹介します。

ガラムマサラ

気品あふれる鮮烈な香りのオリジナル・ガラムマサラ。カレーの仕上げはもちろん、辛味もあるのでパスタや焼きそば、うどんなど麺類の薬味としても。野菜サラダにふったり、肉や魚にまぶして焼くだけでインド風の味つけが楽しめます。また、マヨネーズやお好みソースに混ぜてディップやタレとして使っても。スターアニスとメースは、なければ入れなくてもOKです。

●材料（つくりやすい分量）

赤唐辛子…1本
カルダモン…小さじ1
クミンシード…小さじ1
クローブ…小さじ½
コリアンダーシード…小さじ2
シナモンスティック（短く折る）…1本
スターアニス*…1個
ブラックペッパー…小さじ1
ベイリーフ…1枚
メース**…1～2枚

＊アニスに似た独特の甘い香りのする星形のスパイス。八角ともいう。
＊＊ナツメグがとれる樹の種子のまわりの赤い皮の部分。ナツメグのような甘い香り。

●つくり方

1 すり鉢にすべてのスパイスを入れ、すりこぎで叩くようにつぶす。

2 フライパンに❶を入れ、木べらで混ぜながら煙が出るくらいまで1分ほど煎る。

3 粗熱が取れてからミキサーに入れ、粗めの粉状になるまで撹拌する。

スパイシーパスタ

ペペロンチーノなどシンプルなパスタの仕上がりに、ガラムマサラ少々を混ぜ合わせる。

※ミックススパイスは密閉して冷暗所におけば1年は保存可能ですが、日ごとに香りが飛ぶのでなるべく早めに使い切りましょう。

チャートマサラ

フレッシュなスパイスの香りに塩味と酸味が強いのが特徴。とくにフルーツや生野菜との相性抜群で、キウイ、オレンジ、リンゴ、スイカ、パイナップルなどにかければ甘味が増し、生野菜やサラダにふりかければインド風の一品に。レモンピールパウダーはアムチュール（未熟なマンゴーを乾燥させて粉状にしたもの）に代えてもOK。

●材料（つくりやすい分量）

赤唐辛子…1本
カルダモン…小さじ1
クミンシード…小さじ1
コリアンダーシード…小さじ2
フェンネル…小さじ1
ブラックペッパー…小さじ1
ベイリーフ…1枚
レモンピールパウダー*…小さじ1
塩…小さじ1

＊レモンの皮を乾燥させて粉状にしたスパイス（ネットなどで購入可）。

フルーツサラダ

フルーツサラダに少量ふりかけると甘味とうま味がアップ。

●つくり方
ガラムマサラと同様につくって、塩だけ最後に混ぜ合わせる。

シーサイドマサラ

カルダモンとフェンネルの甘く爽やかな香りにドライジンジャーの清々しさをプラスしたミックススパイス。塩分があるので、魚のフライやトンカツのつけ塩に、冷奴や漬物、白身魚の刺身にふりかけたり、ドレッシングの隠し味、アクアパッツァ、あさりのワイン蒸しなど淡白な魚介料理の風味づけにもよく合います。

●材料（つくりやすい分量）

赤唐辛子…1本
カルダモン…小さじ1
コリアンダーシード…小さじ2
ドライジンジャー*…小さじ1
フェンネル…小さじ1
ブラックペッパー…小さじ1
塩…小さじ1

●つくり方
ガラムマサラと同様につくって、塩だけ最後に混ぜ合わせる。

＊しょうがを乾燥させて粉状にしたもの。

チャイマサラ

爽快なカルダモンとシナモンの甘さに、スパイシーなクローブ、ブラックペッパーを合わせ、ジンジャー風味を配合したチャイのためのミックススパイス。そのほかヨーグルトドリンクやホットワインなど、さまざまなドリンクに応用できます。

●材料（つくりやすい分量）

カルダモン…小さじ1
クローブ…小さじ1/2
シナモンスティック（短く折る）…2本
ドライジンジャー…小さじ1
ブラックペッパー…小さじ1

●つくり方

ガラムマサラと同様につくる。

ハーブチャイマサラ

スタンダードなチャイマサラにミントとレモングラスといったハーブ系の爽快感をプラスしたミックススパイス。チャイ（ホット、アイス）、ヨーグルトドリンク、ホットワインのほか、冷たいワイン（赤、白）にカットフルーツ数種とつけ込んでサングリアにしても。

●材料（つくりやすい分量）

カルダモン…小さじ1
クローブ…小さじ1
シナモンスティック（短く折る）…小さじ1/2
ドライジンジャー…小さじ1
A ｜ ペパーミント…小さじ1
　｜ レモングラス…小さじ1

●つくり方

ガラムマサラと同様につくる。

自家製チャイのつくり方

●材料（4カップ分）

紅茶葉*…小さじ4
水…2カップ
牛乳…2カップ
チャイマサラ…小さじ1
三温糖（または砂糖）…小さじ4〜5

＊紅茶葉は、短時間で濃く抽出できるアッサム（CTC製法）がおすすめ。

●つくり方

1. 鍋にすべての材料を入れて、火にかける。
2. 沸騰したら火を止め、ふたをして2〜3分蒸らす。
3. 茶こしでこしながら、カップに注ぐ。

アナン商品カタログ

創業60年、業務用のカレーパウダーを製造するようになって35年目。神奈川県鎌倉市極楽寺の古民家で家庭用カレー商品を販売する株式会社アナン（http://www.e-anan.net/）の商品の一部を紹介します。

料理キット「カレーブック」

1983年に考案された「インド人の考えた日本のカレー」。誰でも簡単に本格スパイスカレーがつくれるキット。マイルド、中辛、辛口、大辛の4種類（単価610〜730円）があり、いずれも4人分。

スパイスシリーズ

本書で紹介するスパイスはほとんどそろう。写真は基本の4スパイス。左からターメリック（55g／430円）、レッドペッパー（55g／430円）。クミンシード（55g／430円）、コリアンダー（55g／430円）。

女川カレーブック

東日本大震災の復興支援のために訪れた宮城県女川町での炊き出しから生まれたカレー。4皿分のカレースパイスセット。（1箱／702円）※問い合わせ先／女川カレー project（http://onagawacurry.shop-pro.jp/）

オリジナルブレンドスパイスシリーズ

オリジナルの純カレー粉。料理にそのままふりかけたり、加熱調理したり、使い方は自由自在。左からスタンダード（55g／610円）、マイルド（55g／633円）、ストロング（55g／690円）。100g入りビン、400g入りポリ容器、1kg入りポリ袋もあり。

1984年神奈川県鎌倉市生まれ。南インド・ニルギリ高校GSIS (Good Shephered Int'l School)を卒業し、スイス・ジュネーブのCollege du Lemanにてケンブリッジ大学のA Levelを獲得。その後、スペインに留学して経営学と料理を学び、帰国。アナン(株)にて商品開発やネーミング・新規事業の開発等に携わりながら、北インド・グジャラート出身である父メタ・アナンのもとで、アーユルヴェーダをもとにした料理を実践している。旬の野菜をテーマにしたカフェ「移動チャイ屋」を立ち上げ、出張料理を精力的に展開中。また、2011年の震災をきっかけに、現地の雇用、観光、資源創出に向け、「女川カレー project」を仲間とともに始める。鎌倉・極楽寺の古民家でスパイス、カレー商品を販売するかたわら、「スパイス・ハーブ講座」、「ミニクッキング教室」などのワークショップも不定期に開催。

メタ・バラッツ
Mehta Bharat

アナン株式会社 http://www.e-anan.net/

撮影	今清水 隆宏
装丁・本文デザイン	柳田 尚美(N/Y graphics)
スタイリング	宮嵜 夕霞
スタイリングアシスタント	上杉 沙織
撮影協力	豊田 麗
	UTUWA (☎ 03-6447-0070)
編集・制作	吉原 信成(編集工房桃庵)
編集担当	梅津 愛美(ナツメ出版企画株式会社)

●参考資料 『東京スパイス番長のスパイスカレー』(東京スパイス番長・著/主婦と生活社)、『「ナイルレストラン」ナイル善己のやさしいインド料理』(ナイル善己・著/世界文化社)、『スパイス選びから始めるインドカレー名店のこだわりレシピ』(シャンカール・ノグチ・著/誠文堂新光社)

バラッツ流!絶品スパイスカレー

2016年7月4日 初版発行
2020年9月1日 第4刷発行

著 者 メタ・バラッツ
発行者 田村 正隆

©Mehta Bharat,2016

発行所 株式会社ナツメ社
　　　東京都千代田区神田神保町1-52
　　　ナツメ社ビル1F(〒101-0051)
　　　電話 03(3291)1257(代)
　　　FAX 03(3291)5761
　　　振替 00130-1-58661

制 作 ナツメ出版企画株式会社
　　　東京都千代田区神田神保町1-52
　　　ナツメ社ビル3F(〒101-0051)
　　　電話 03(3295)3921(代)

印刷所 図書印刷株式会社

ISBN978-4-8163-6070-1
Printed in Japan

本書に関するお問い合わせは、上記、ナツメ出版企画株式会社までお願いいたします。
(定価はカバーに表示してあります)(落丁・乱丁本はお取り替えします)
本書の一部または全部を著作権法で定められている範囲を超え、ナツメ出版企画株式会社に無断で複写、複製、転載、データファイル化することを禁じます。

ナツメ社Webサイト
http://www.natsume.co.jp
書籍の最新情報(正誤情報を含む)は
ナツメ社Webサイトをご覧ください。